OS DIREITOS FUNDAMENTAIS EM UMA PERSPECTIVA AUTOPOIÉTICA

T833d   Trindade, André Fernando dos Reis
        Os direitos fundamentais em uma perspectiva autopoiética / André Fernando dos Reis Trindade. – Porto Alegre: Livraria do Advogado Ed., 2007.
        154 p; 23 cm.
        ISBN 978-85-7348-467-0

        1. Direitos e garantias individuais. 2. Constituição. 3. Teoria do Direito. 4. Autopoiese.

                                          CDU - 340.12

        Índices para o catálogo sistemático:
        Autopoiese
        Constituição
        Direitos e garantias individuais
        Teoria do Direito

        (Bibliotecária responsável: Marta Roberto, CRB - 10/652)

André Trindade

OS DIREITOS FUNDAMENTAIS
EM UMA PERSPECTIVA AUTOPOIÉTICA

livraria
DO ADVOGADO
editora

Porto Alegre, 2007

© André Fernando dos Reis Trindade, 2007

Capa, projeto gráfico e diagramação de
Livraria do Advogado Editora

Revisão de
Rosane Marques Borba

Direitos desta edição reservados por
Livraria do Advogado Editora Ltda.
Rua Riachuelo, 1338
90010-273 Porto Alegre RS
Fone/fax: 0800-51-7522
editora@livrariadoadvogado.com.br
www.doadvogado.com.br

Impresso no Brasil / Printed in Brazil

À minha família

AGRADECIMENTOS

Algumas pessoas foram essenciais na feitura deste trabalho.
Ao Professor Doutor Germano André Doederlein Schwartz, orientador e amigo, pelo indizível esforço de guiar a presente pesquisa.
Ao saudoso Professor Doutor Luiz Benitto Viggiano Luisi, pelos conselhos e apoio irrestrito.
Ao Professor Doutor Wilson Steinmetz, pelas valiosas lições de teoria dos direitos fundamentais.
Aos Professores Nereu Giacomolli e André Callegari, pelo constante apoio.
Ao Doutor Lenio Luiz Streck, pelos conselhos acerca da hermenêutica filosófica.
Ao Doutor Leonel Severo Rocha pelos ensinamentos acerca da teoria sistêmica.
Aos colegas do Instituto de Hermenêutica Jurídica, pelos frutíferos debates.
Aos colegas de mestrado, pelo constante apoio e amizade irrestrita.
À CAPES, pela bolsa concedida, que viabilizou os meus estudos.

"Gostaria de parar para dizer direitos ou inviolabilidade. Em vez disso, dizer que os seres humanos têm necessidades, e que deveríamos tentar, como espécie social, ser sensíveis às necessidades humanas..."

James Watson

Prefácio

O livro trazido a lume pelo Professor André Fernando dos Reis Trindade é um estudo acurado e sério de um tema essencial (direitos fundamentais), baseado em marco teórico bem-delimitado (teoria dos sistemas sociais autopoiéticos). Somente por essa proposta, o trabalho merece leitura atenciosa.

Muito embora se torne digno de registrar que essa fundamentação seja rara nos meios acadêmicos, ela não se torna o único motivo de sua qualidade. Ele foi resultado de uma dissertação de Mestrado oriunda do PPGD/ULBRA-Canoas. Os argüidores da banca demonstram a seriedade do trabalho: André-Jean Arnaud, Luciano Timm e Wilson Steinmetz. Dessa forma, pode-se dizer que não se trata, aqui, de mais um livro. Ele possui delimitação, teoria e resposta. O que era para ser regra passa a ser virtude, em função da realidade editorial jurídica brasileira.

Além disso, o tema é inovador. A percepção das possibilidades advindas de uma fundamentação autopoiética dos direitos fundamentais rompe com os paradigmas do positivismo e da hermenêutica, constituindo-se em uma auto-observação necessária mediante critérios auto-recursivos e cognoscitivamente abertos.* Ocorre, entretanto, que, justamente por ser inovadora, a autopoiese desperta "críticas".

---

* Para maiores detalhes a respeito da teoria da autopoiese aplicada ao Direito, veja-se ROCHA, L.S.; SCHWARTZ, G.A.D; CLAM, J. Introdução à Teoria do Sistema Autopoiético do Direito. Porto Alegre: Livraria do Advogado, 2005.

Muitas dessas contraditas são, aqui, abordadas e refutadas. Outro valor. Contudo, sublinho que as "críticas" são, normalmente, feitas sem a devida leitura da obra luhmanniana. Com isso, tem-se uma crítica acrítica. Uma contestação sem testes de falseabilidade. Enfim, "críticas" desprovidas de caráter científico.

Uma das maiores "críticas", a sociedade sem homens, é, abertamente, contrariada no presente livro. Luhmann não exclui o homem dos sistemas sociais. Ele foi deslocado de lugar. Somente. Ele antecede a sociedade (comunicação), constituindo-se em um sistema único (psíquico) a partir do qual tudo é compreendido mediante observações. O entorno dos sistemas (sociais, psíquicos e biológicos) são os locais de ruídos que influenciam os subsistemas funcionalmente diferenciados (Direito). Se o homem está presente nesse ambiente, como pode subsistir a alegação de que Luhmann não se importa com a humanidade? Somente com "críticas" acríticas.

Dessa forma, o Professor André diz que os direitos fundamentais fazem parte do subsistema do Direito, mas que, logicamente, possuem uma abertura de conhecimento. Essa janela é, em sua sustentação, dada pela idéia de necessidades humanas. Elas serão, após, reprocessadas pelo sistema jurídico, por intermédio de sua seletividade codificada binária, passando a ser elemento a ser deduzido pela lógica Direito/Não-Direito. Eis a clausura que pressupõe abertura (aos homens).

Com isso, os direitos fundamentais não são vistos unicamente como normas jurídicas. Eles são como um jogo de filtros, cuja decantação será repassada ao restante dos subsistemas sociais, via comunicação, a partir da lógica do Direito. Estabelecem-se, assim, como peças-chaves da operatividade, da securidade, e da superveniência de um Direito que pretenda se desenvolver em uma sociedade altamente complexa e diferenciada.

Diante disso, cabe revelar, ao menos para mim, a última virtude da obra. Seu autor é um pesquisador nato, tendo sido meu bolsista de pesquisa tanto em graduação (FAPERGS, CNPQ, PIBIC-UPF) como no Curso de Mestrado em Direitos Fundamentais da ULBRA (CAPES). Vem, portanto, há muito tempo se preparando para a academia e para a docência, hoje exercida na UNOPAR – Londrina, a quem parabenizo, de público, pela aposta nesse jovem valor. Não se trata, malgrado sua jovialidade, de um aventureiro. É cientista vocacionado, que foi evoluindo nesses anos e que hoje logra vôos, tais como o presente livro. Deixo assinalado, depois de tantos embates de orientação, meu sentimento de orgulho, de cumplicidade e de amizade para com o escritor, outrora aluno, hoje colega. Auto-referências. Autocriação. Autopoiese!

Rio Grande do Sul, Inverno de 2006.

Prof. Dr. Germano Schwartz

Sumário

Introdução 17
1. A dificuldade de embasamento dos Direitos Fundamentais pelas matrizes jurídicas 21
   1.1. O positivismo clássico de Kelsen e o (neo)positivismo . . . 22
      1.1.1. As bases do positivismo 22
      1.1.2. O positivismo 25
      1.1.3. O (neo)positivismo 32
      1.1.4. A teoria analítica de Hart 35
   1.2. Teoria hermenêutica 39
      1.2.1. Dworkin e o Império do Direito 40
      1.2.2. O Direito como integridade 49
      1.2.3. *Ontological Turn*: a hermenêutica filosófica de Gadamer e Heidegger 54
      1.2.4. A hermenêutica como linguagem 62
   1.3. A Crise das matrizes jurídicas 64
2. Proposta de uma reconstução epistemológica 67
   2.1. A (des)construção do conhecimento 69
      2.1.1. Kuhn e a estrutura das revoluções científicas . . . 70
      2.1.2. O tempo e o fim das certezas 74
      2.1.3. A lógica científica de Popper 80
   2.2. O conhecimento sistêmico-autopoiético 87
      2.2.1. O conhecimento sistêmico 88
      2.2.2. A epistemologia autopoiética 95
3. Autopoiese como instrumento de efetivação dos Diretos Fundamentais 107
   3.1. Matriz sistêmico-autopoiética do Direito 108
      3.1.1. Fundamentação teórico-sistêmica do Direito 108
      3.1.2. O Direito como sistema autopoiético 118
   3.2. Os Direitos Fundamentais em uma perspectiva sistêmico-autopoiética 130

   3.2.1. Diferenciação funcional dos Direitos
      Fundamentais 132
   3.2.2. As necessidades humanas como núcleo dos
      Direitos Fundamentais 136

Conclusão 147

Referências bibliográficas 151

Introdução

Este livro tem por objetivo observar a possibilidade de uma fundamentação dos Direitos Fundamentais enquanto diferenciação funcional do sistema jurídico. Tal temática é fruto de pesquisas anteriores, aliada à construção de conhecimento propiciado pelo Mestrado em Direitos Fundamentais da Universidade Luterana do Brasil, especialmente pelas disciplinas de Teoria dos Direitos Fundamentais, Teoria da Justiça e Hermenêutica Jurídica. Utiliza-se do método sistêmico-estruturalista aliado ao dialético como forma de observação. Como metodologia de pesquisa, adota-se a revisão bibliográfica. Opta-se por uma estruturação em três capítulos, que permita uma construção argumentativa encadeada.

O primeiro capítulo procura observar as dificuldades encontradas pelas matrizes que fundamentam o Direito em um tempo/meio de alta complexidade. Nesse diapasão, segue-se a demarcação das matrizes jurídicas em analíticas, hermenêuticas e sistêmico-autopoiéticas. Por uma questão de didática, a teoria sistêmico-autopoiética será desenvolvida nos capítulos segundo e terceiro. Assim, o escopo do primeiro capítulo é o enquadramento de hipóteses levantadas por diversos autores frente à divisão proposta.

Em se tratando da matriz analítica, inicialmente, são observados aspectos como a sua tentativa de construção de uma teoria pura – embasada na norma – e alheia à metafísica, bem como a sua evolução para a tentativa de instituição de um positivismo moderado cujo valor supremo seria a ética, e não a validade normativa.

O segundo componente observado no primeiro capítulo é a teoria hermenêutica. Essa é derivada das críticas tecidas à estrutura extremamente fechada da analítica positivista. Sua delimitação inicia com a hermenêutica clássica e suas regras de reconhecimento, passando pela postura que afirma ser a integridade o centro buscado pelo Direito, até aportar nas hipóteses lançadas por uma hermenêutica filosófica que prima pela linguagem como elemento preponderante da sociedade.

As observações realizadas no primeiro capítulo servem de base para demonstrar a necessidade de realizar uma (re)construção cognitiva na *episteme* que serve de estrutura para os Direitos Fundamentais. Primeiramente, serão observadas – sob a óptica histórica – as fases existentes no processo de revolução paradigmática, seus requisitos, e a (im)possibilidade de adoção de um paradigma final. Outro ponto a ser observado, nesse ínterim, é a possibilidade de busca pela certeza científica na irreversibilidade temporal.

Em se verificando a necessidade de mudança da postura que busca o desvelamento cartesiano da verdade científica, faz-se mister a abertura epistemológica para uma forma de conhecimento mais apurada e amoldável a ambientes de alta complexidade como o hodierno. De tal modo, apresentar-se-á uma proposta de mutação da racionalidade analítico-cartesiana para uma epistemologia sistêmico-autopoiética.

Essa introdução da teoria sistêmico-autopoiética como pano de fundo das ciências sociais finda com o escalonamento das ciências em nichos delimitados e incomunicáveis, uma vez que se utiliza da biologia como elemento fundamentador das relações sociais. Nesse caso, além de alterar a divisão objeto-observador, seria possível afirmar que não se estaria diante de um conhecimento, mas sim, de um autoconhecimento.

Das observações realizadas, nos dois primeiros capítulos, buscar-se-ão substratos para apresentar a hipótese que é objeto da presente pesquisa. Nesse sentido, primeiramente, será avaliada a introdução da teoria sistêmica junto às ciências sociais e como sua estrutura pretende reduzir os riscos de uma complexidade social elevada. Seguindo nessa mesma linha, é que se examinará a aplicação da teoria sistêmica ao Direito.

A seqüência dessas observações apontará como a doutrina sistêmica serviu de base para a inserção da teoria autopoiética como hipótese sociojurídica. Nesse caso, será observado se a adoção da autopoiese como fundamento do Direito possibilitaria uma seleção do seu conteúdo às comunicações do seu entorno que forem aceitas pelo processo auto-referencial que garante a sua imunização.

Após as observações previamente relatadas, será diagnosticado se é possível observar os Direitos Fundamentais como uma diferenciação funcional do sistema jurídico. No entanto, para confirmar essa hipótese, é imprescindível que se apresente a forma de sua diferenciação funcional do meio envolvente, bem como a especificação do meio de seleção utilizado para determinar quais elementos lhe são privativos e quais devem ficar alheios à sua estrutura auto-referencial.

Como elemento determinante da seletividade dos Direitos Fundamentais, serão apresentadas as necessidades humanas. Essas – como será observado – apresentam uma estrutura vinculada à natureza do ser humano e prescindem de delimitações culturalmente diferenciadas. Já no que se refere à diferenciação do seu entorno, será apresentada a proposta de escalonamento de sua estrutura como um sistema de acoplamento entre o sistema biológico e o jurídico.

O escopo da presente pesquisa que se relata na seqüência é apresentar uma proposta de observação dos Direitos Fundamentais que permita à sua estrutura uma maior efetividade, eliminando conteúdos desnecessários à sua constituição, e contribuindo para uma reconstrução dos ambientes sociais mais condizentes com a razão ordenadora do ser humano.

1. A dificuldade de embasamento dos Direitos Fundamentais pelas matrizes jurídicas

> "A condição humana deveria ser
> o objeto essencial de todo o ensino"
> *Edgar Morin*

O objetivo do primeiro capítulo é apresentar duas das matrizes sobre as quais se podem observar os Direitos Fundamentais: a positivista e a hermenêutica. Tal proposta de divisão do Direito em matrizes é desenvolvida por Rocha.[1] Deve-se ressalvar que, apesar de se optar pelo enquadramento de determinados autores e suas teorias nas matrizes aludidas, essa classificação é realizada com base na similaridade de seus postulados e/ou coincidência de seus marcos teóricos.

Primeiramente, será observada a teoria analítica. Para isso, inicia-se com considerações do positivismo kelseniano, suas bases e sua proposta. Ainda, no primeiro subitem, serão tecidos breves comentários à proposta do neopositivismo e finaliza-se optando por uma referência sucinta da hipótese hartiniana de construção do Direito com base na sua "regra de reconhecimento". No segundo subitem, serão apresentados o posicionamento de Dworkin e seu "Império do Direito", construído com a integridade

---

[1] ROCHA, Leonel Severo *apud*: ROCHA, Leonel Severo; SCHWARTZ, Germano; CLAM, Jean. *Introdução à teoria do sistema autopoiético do Direito*. Porto Alegre: Livraria do Advogado, 2005, p. 11.

como marco direcionador e a hermenëutica filosófica como nova opção à interpretação do Direito, esta última embasada nas conjecturas do *ontological turn* de Heidegger e Gadamer.

1.1. O positivismo clássico de Kelsen e o (neo)positivismo

Com este relato, pretende-se apontar os caminhos traçados pela doutrina positivista. Parte-se das bases do positivismo kelseniano até a hodierna teoria do neopositivismo. O intuito ora desenvolvido objetiva sedimentar os passos seguidos pela evolução/mutação da postura positivista, seus méritos e críticas à sua postura avalorativa. Em se tratando de teoria positivista, deve-se ter em mente que sua estrutura pode ser dividida em duas fases. A primeira – também denominada clássica – é o reflexo da constante busca pela construção de uma ciência do Direito, livre de influências metafísicas: uma ciência pura. Já a segunda fase do positivismo abre o Direito à influência dos valores que estruturam o meio social ao qual a própria teoria do Direito deve regular. Ao final, analisa-se a construção desenvolvida por Hart, em sua obra "O conceito de direito", bem como seus argumentos de cunho jus-filosófico.

1.1.1. As bases do positivismo

O positivismo jurídico – também denominado teoria analítica – teve como base a obra de Hans Kelsen e seguiu o chamado Círculo de Viena. Kelsen propôs o estabelecimento de método e objeto específicos para o Direito, de modo a possibilitar a cientificidade necessária e a independência do Direito frente à insegurança metodológico-formal que assombravam uma ciência sem objeto e sem método de observação. Isso porque, como assevera Schwartz:

"Kelsen, obsessivamente, buscou uma purificação da ciência do direito, eliminando quaisquer elementos metafísicos, políticos ou morais de dita ciência. Sua ciência possui um objeto: a norma jurídica. E esse objeto deve estar 'puro' para sua análise, livre de toda e qualquer influência externa [...] Kelsen parte de uma concepção de ciência que está fundada na objetividade, exatidão e neutralidade de suas proposições, que vão descrever o objeto dado".[2]

É necessário notar que Kelsen priorizou, acima de tudo, a neutralidade científica aplicada à ciência do Direito.[3] Mostrou-se diligente e zeloso com a imparcialidade metodológico-científica empregada em sua teoria normativista. Sua abordagem "procurou banir todas as considerações de teor metafísico-racionalista do Direito, reduzindo tudo à análise de categorias empíricas na funcionalidade de estruturas legais em vigor".[4] Assim, ao criar uma "teoria pura do Direito", tendo por base o dualismo entre o ser e o dever-ser, priorizou os aspectos do dever-ser para embasar/fundamentar a sua teoria. Kelsen conseguiu, desse modo, criar uma verdadeira "ciência do Direito", autônoma e fechada. Rocha, ao trabalhar a filosofia analítica, observou;

"Kelsen tem como uma de suas diretrizes epistemológicas basilares o dualismo kantiano, entre ser e dever ser, que reproduz a oposição entre juízos de realidade e juízos de valor. Kelsen, fiel a tradição relativista do neokantismo de Marburgo, optou pela construção de um sistema jurídico centrado unicamente no mundo do dever ser".[5]

---

[2] SCHWARTZ, Germano André Doederlein. Considerações sobre a teoria kelseniana. *Revista do Curso de Direito*, Cruz Alta: Unicruz, v.5, n. 5, 2000, p. 98.

[3] "O positivismo jurídico nasce do esforço de transformar o estudo do direito em uma verdadeira e adequada *ciência* que tivesse as mesmas características das ciências físico-matemáticas, naturais e sociais. Ora, a característica fundamental da ciência consiste em sua avaloratividade, isto é, na sua distinção entre juízos de fato e juízos de valor e na rigorosa exclusão desses últimos do campo científico: a ciência consiste somente em juízos de fato". BOBBIO, Norberto. *O Positivismo Jurídico: lições de filosofia do direito*. São Paulo: Ícone, 1995, p. 135.

[4] WOLKMER, Antônio Carlos. *Ideologia, estado e direito*. 2 ed. São Paulo: Editora Revista dos Tribunais, 1995, p. 151.

[5] ROCHA, Leonel Severo. Três matrizes da teoria jurídica. In: *Anuário do programa de pós-graduação em direito*. São Leopoldo: Unisinos, 1999, p. 23.

Assim, o dualismo que embasa a teoria de Kelsen prima pela definição do dever-ser como a ideal conduta subjetiva que o Ser deve seguir para que se mantenha a homeostase[6] social. Dessa forma, para que o meio (ser) se adapte às regulamentações sociais (dever-ser), é imprescindível que se hierarquizem as normas e que, interdependentemente, elas se auto-regulem sem a observação do elemento valor. Para Bobbio,

"o positivismo jurídico representa, portanto, o estudo do direito como *fato*, não como *valor*: na definição do direito deve ser excluída toda a qualificação que seja fundada num juízo de valor e que comprove a distinção do próprio direito em bom e mau, justo e injusto. O direito, objeto da ciência jurídica, é aquele que efetivamente se manifesta na realidade histórico-social".[7]

Seguindo nessa esteira de argumentação, pode-se apontar que a postura kelseniana representava, no âmbito do Direito, a postura defendida pela Escola de Viena. Uma vez que ela se opôs radicalmente a toda e qualquer metafísica aplicável à ciência. Buscava, assim, a "libertação" da ciência de conceitos e fundamentos que não possuíssem embasamento lógico-matemático, pretendendo, nas palavras de Kelsen,[8] "[...] libertar a ciência jurídica de todos os elementos que lhe são estranhos". Nesse sentido, relata Gonçalves:

"As tendências positivas das orientações da lógica foram desenvolvidas sobre todo o chamado Círculo ou Escola de Viena. Este se caracterizava não apenas pela união do empirismo extremo e o extremo formalismo lógico, mas também por sua negação de toda diferença, metódica ou real, entre as ciências da natureza e as ciências do espírito".[9]

---

[6] Homeostase pode ser conceituada como o equilíbrio entre o individual e o coletivo. É a chave para a manutenção de todo e qualquer sistema, inclusive o social.

[7] BOBBIO, Norberto. *O Positivismo Jurídico*: lições de filosofia do direito. São Paulo: Ícone, 1995. p 136.

[8] KELSEN, Hans. *Teoria pura do direito*.Tradução de João Batista Machado. 6. ed. São Paulo: Martins Fontes, 1998, p.1.

[9] GONÇALVES, Jair. *Herança jurídica de Hans Kelsen*. Campo Grande: UCDB, 2001, p. 31.

Nesse diapasão, a postura apresentada pelo positivismo clássico kelseniano visa a libertar a aplicação do Direito da influência de elementos estranhos ao próprio Direito – tido como sistema de normas. Observa-se que, na sua Teoria Pura, "[...] uma coisa é o direito, outra distinta é a ciência do direito. O direito é a linguagem objeto, e a ciência do direito, a metalinguagem: dois planos lingüísticos diferentes".[10] De tal modo, moral, religião e ética são excluídas da órbita da ciência do Direito, podendo, seu operador, utilizar-se apenas da ferramenta que lhe é dada: a norma jurídica.

1.1.2. O positivismo

Faz-se necessário aludir a gênese do postulado positivista para que se possa "conhecer" de forma clara e fundamentada essa teoria. Dessa forma, inicialmente, abordar-se-ão alguns pontos desse marco do conhecimento jurídico para, após, aprofundar-se nas suas questões mais criticadas.

A inegável contribuição da teoria de Kelsen é a possibilidade de construir uma teoria científica do Direito. Nesse sentido, definir a norma jurídica como objeto da ciência do Direito caracteriza-se por "sanar" um dos pressupostos existenciais da cientificidade jurídica. O segundo requisito essencial para que o Direito possa ser científica e autonomamente trabalhado é o seu método, que deve estar fundado na abstração quanto aos fatos sociais determinantes da produção da norma, bem como os valores que rodeiam a sua aplicação. No entanto, para ser atingida a independência científica do Direito, faz-se necessária a sua "purificação", que, segundo Warat, ocorre em cinco níveis, a saber:

"a) Purificação Causalista ou Anti-Naturalista, para o direito somente importa saber se a norma é jurídica.

---

[10] ROCHA, Leonel Severo; SCHWARTZ, Germano; CLAM, Jean. *Introdução à teoria do sistema autopoiético do Direito*. Porto Alegre: Livraria do Advogado, 2005, p. 17.

A questão do valor pouco importa. Se a norma é jurídica, mesmo que injusta, essa norma é parte integrante da Ciência do Direito[...]; b) Purificação Anti-Jusnaturalista. Kelsen repugnava a idéia do Direito Natural. Combatia a presença da metafísica em sua ciência[...]; c) Purificação Política e Ideológica. É uma purificação axiológica. O cientista deve ser neutro em relação ao objeto de sua pesquisa[...]; d)Purificação Monista ou Anti-Dualista. Kelsen não estabelece dualismos. Não dividiu o direito em objetivo e subjetivo, não separou o Estado do direito[...]; e, por fim, e)Purificação Intra-Normativa. A norma fundamental, que não é norma posta positivamente, mas pressuposta [...]".[11]

Como o Direito, enquanto teoria kelseniana, difere da realidade, é necessário que se estabeleçam nessa diferenciação os pontos em comum, bem como a possibilidade de sua aplicação prática. Na concepção de Kelsen, o ser (*Sein*) e o dever-ser (*Sollen*) são os pólos dessa dicotomia. E como afirma Bittar:[12] "[...]é com a quebra da relação ser/dever-ser que pretende Hans Kelsen operar para diferir o que é jurídico [...] do que é não jurídico[...]". Assim, enquanto o ser segue os ditames do dever-ser, não há necessidade de se regularem as condutas sociais pelas normas.

Para Kelsen, a norma jurídica é o centro da ciência do Direito. Nesse sentido, a validade desse núcleo formador – norma – é a busca maior que contempla a possibilidade de existência da sua teoria. Dessa maneira, verificar se a norma é válida constitui o imperativo maior a ser observado pelos operadores do Direito. Assim, para Rocha,

> "a norma jurídica é uma metalinguagem do ser, localiza ao nível pragmático da linguagem, que ao emitir imperativos de conduta não pode ser qualificada de

---

[11] WARAT, Luiz Alberto. *A pureza do poder*. Brasília: UNB, 2000, p. 55.
[12] BITTAR, Eduardo Carlos Bianca. *Curso de filosofia do direito*. 2. ed. São Paulo: Atlas, 2002, p. 336.

verdadeira ou falsa, simplesmente pode ser válida ou inválida. O critério de racionalidade do sistema normativo, já que as normas não podem ser consideradas independentes de suas interações, é dado pela hierarquia normativa (norma fundamental) na qual uma norma é válida somente se uma norma superior determina a sua integração ao sistema".[13]

Válida é a norma que está de acordo com o sistema jurídico por derivar da autoridade dotada da imprescindível capacidade/competência para a sua edição, e justa é a norma que supre os requisitos formais da sua validade. Dessa forma, desconsideram-se quaisquer outros elementos ou juízo de sua aferição enquanto norma jurídica. Colabora com esse entendimento a afirmação de Bonamigo, ao apontar que

"para a concepção positivista do direito, uma norma é justa se for válida, fazendo depender a justiça da validez – a validade diz respeito a procedimentos formais, na verificação de requisitos, independente de juízo de valor sobre seu conteúdo; sendo válida, existe como norma". [14]

A validade é a base para se observar o sustentáculo de toda estrutura normativa positivista: a norma fundamental (*grundnorm*) que, nos dizeres de Bittar,[15] "nada mais é que o fundamento último de validade de todo o sistema jurídico" e representa o "topo" do sistema normativo. É o ponto último da hierarquia normativa, que, além de validar o restante do sistema, dá o seu fechamento e encerra o processo de escalonamento auto-referencial das normas, assim, segundo Kelsen,

"como todas as normas de um ordenamento [...] já estão contidas no conteúdo da norma pressuposta,

---

[13] ROCHA, Leonel Severo; SCHWARTZ, Germano; CLAM, Jean. *Introdução à teoria do sistema autopoiético do Direito*. Porto Alegre: Livraria do Advogado, 2005, p. 18.

[14] BONAMIGO, Rita Inês Holfer. Considerações sobre o Estado moderno e o positivismo jurídico. *Revista do Curso de Direito*, Cruz Alta: Unicruz, v.5, n. 5., 2000, p. 95.

[15] BITTAR, Eduardo Carlos Bianca. *Curso de filosofia do direito*. 2. ed. São Paulo: Atlas, 2002, p. 338.

elas podem ser deduzidas daquela pela via de uma operação lógica, através de uma conclusão do geral para o particular. Esta norma, pressuposta como norma fundamental, fornece não só o fundamento de validade como o conteúdo de validade das normas dela deduzidas através de uma operação lógica. Um sistema de normas cujo fundamento de validade e conteúdo de validade são deduzidas de uma norma pressuposta como norma fundamental é um sistema estático de normas. O princípio segundo o qual se opera a fundamentação da validade das normas deste sistema é um princípio estático".[16]

O sistema positivo clássico, como fora assegurado anteriormente, regula sua própria criação, isto é, as normas somente existem porque outras normas as validam. "A relação entre a norma que regula a produção de uma outra e a norma assim regularmente produzida pode ser figurada pela imagem espacial da supra-infra-ordenação".[17] E, dessa maneira, forma-se um sistema de normas.

No entanto, o sistema normativo positivista não está distribuído de forma esparsa. Mas é "o Direito colocado por força de uma decisão política vinculante. O Direito positivo é uma metadecisão que visa a controlar as outras decisões, tornando-as obrigatórias. Para tanto, elabora-se um sistema jurídico normativista e hierarquizado".[18] O Direito positivo, dessa forma, possui um escalonamento hierárquico que diferencia as diversas normas e a sua interdependência. Nesse sentido, apregoa Kelsen:

"A ordem jurídica não é um sistema de norma jurídicas ordenadas no mesmo plano, situadas umas ao lado das outras, mas é uma construção escalonada de diferentes camadas ou níveis de normas jurídicas. A sua unidade é produto da conexão de dependência que

---

[16] KELSEN, Hans. *Teoria pura do direito*.Tradução de João Batista Machado. 6. ed. São Paulo: Martins Fontes, 1998, p. 218.

[17] Idem, p. 246.

[18] ROCHA, Leonel Severo; SCHWARTZ, Germano; CLAM, Jean. *Introdução à teoria do sistema autopoiético do Direito*. Porto Alegre: Livraria do Advogado, 2005, p 14.

resulta do fato de a validade de uma norma, que foi produzida de acordo com outra norma, se apoiar sobre essa outra norma, cuja produção, por sua vez, é determinada por outra; e assim por diante, até abicar finalmente na norma fundamental [...]".[19]

Portanto, a matriz analítica concatena o sistema de normas através de processo lógico-dedutivo, utilizando-se de um "silogismo pretensamente normativo", que vincula uma norma à outra hierarquicamente superior para coordenar, assim, a interdependência normativa. Por conseqüência, a validade – que é o elo entre as normas – da norma superior, é pré-requisito para a validade das normas que dela se ramificam. Também no processo de aplicação do positivismo observa-se a imprescindível aplicação do raciocínio silogístico uma vez que, segundo Kelsen,

"qualifica-se como uma conclusão *normativa* do geral para o particular uma tal, cuja premissa maior é uma norma geral hipotética que, sob certas, e em verdade *geralmente* determinadas condições, estabelece como devida uma conduta *geralmente* determinada, cuja premissa maior é um enunciado que assevera a existência individual da condição determinada na premissa maior e cuja proposição conclusiva é uma norma individual que estabelece como devida individualmente a conduta determinada geralmente na premissa maior".[20]

Assim, para questionar a validade de uma norma, pode-se discutir a validade da norma hierarquicamente superior que lhe dá sustentação, de tal modo que se pode utilizar a imagem de uma árvore para representar esse escalonamento hierárquico de interdependência das normas. A folha de uma árvore está presa ao galho desta árvore, que está atrelado ao tronco, o qual, por sua vez, está fixado ao globo. Assim, o que dá sustentação ao globo é o universo – norma hipotética fundamental –, que não é

---

[19] KELSEN, Hans. *Teoria pura do direito.* Tradução de João Batista Machado. 6. ed. São Paulo: Martins Fontes, 1998, p. 247.
[20] KELSEN, Hans. *Teoria geral das normas.* Porto Alegre: Fabris, 1986, p. 293

perceptível com clareza – passível de observação empírica final, mas, em decorrência dessa dificuldade de cientificidade laboratorial, tem-se como pressuposto. Segundo Bittar,

"[...] essa norma possui uma natureza puramente pensada, como forma de estancar o regresso *ad infinitum* do movimento cadenciado de busca do *principium* de validade de toda a estrutura [...] do ordenamento jurídico; trata-se de um ficção do pensamento, na busca de determinar logicamente um começo e um fim".[21]

A norma jurídica, como expressão de uma ordem social coativa, proclama o dever-ser como a conduta programável que é imposta ao seu destinatário. Essa busca de um enquadramento social para o sujeito passa pela definição – generalizada – do comportamento que é passível de sanção e, em conseqüência, pela determinação da correspondente penalização.

Nesse diapasão, podem-se apresentar críticas ao postulado kelseniano. Esse, ao buscar o objetivo a que se propõe – garantir a homeostase social –, pressupõe a existência de uma igualdade que não está presente no mundo fático. Assim, a impossibilidade da eficaz aplicação da matriz analítica aos casos concretos, em decorrência da sua coligação a uma igualdade empregada num mundo caracterizado única e exclusivamente pela heterogeneidade, resta ainda mais explícita quando as relações sociais se ampliam, pois, se a noção de tempo alterou-se pelo progressivo aumento das trocas intersubjetivas, a impossibilidade do bom emprego do positivismo aumenta. A respeito, assevera Teubner ao trabalhar a queda das estruturas estatais que possibilitam um positivismo jurídico como:

"efeito dos desenvolvimentos jurídicos concretos e não de críticas da teoria, da dogmática e da política do direito. O *Great Deconstructor* não se chama nem *Jacques Derrida* nem *Niklas Luhmann*, se chama *globalização*. As dúvidas sobre os fundamentos que até agora

---
[21] BITTAR, Eduardo Carlos Bianca. *Curso de filosofia do direito*. 2. ed. São Paulo: Atlas, 2002, p. 339.

foram escondidos com sucesso, explodem de frente à *lex mercatoria* do mercado mundial e de outras praxes jurídicas 'apátridas' que criam um direito global sem intervenção da parte do estado acima dos ordenamentos jurídicos nacionais, mas também acima do direito internacional tradicional que é fundado sobre acordos internacionais. A globalização do direito faz brotar uma enorme quantidade de fenômenos jurídicos que constrange a praxe jurídica a ocupar-se, sem que a sua hierarquia normativa possa incluir-se ou excluir-se".[22]

Dessa forma, o positivismo clássico kelsenianio torna-se limitado para atuar em um mundo em que os Estados perdem força frente a outros atores internacionais – grandes corporações multinacionais. Assim, ao se observar o ordenamento jurídico-positivista, constrito ao Estado (pseudo)soberano, ter-se-á conta de que a norma superior – que dá validade às demais normas integrantes do sistema – é a Constituição, uma vez que é ela que fecha o sistema de hierarquia normativa. Essa norma, enquanto posta, dá o "fechamento" do escalonamento normativo adstrito ao Estado e, assim, é o reflexo do Direito positivo mais elevado. Dessa forma, a Constituição serve como estabilizador dos Diretos Fundamentais e, ao mesmo tempo, seu fundamento último.

O positivismo é visto como um sistema hierárquico de normas que encontra ponto final na Constituição. Essa, enquanto norma primária de um sistema jurídico posto, tem sua validade atrelada à norma hipotética fundamental. Desse modo, o sistema positivista procura – de uma forma utópica – isolar-se das influências do meio externo. Assim, o postulado positivista de Kelsen pode ser considerado como um sistema jurídico fechado com relação às mutações sociais. Contudo, essa independência sistemática encontra-se cada vez mais fragilizada pelo incessante e progressivo aumento da complexidade das sociedades. Ca-

---

[22] TEUBNER, Gunther, *Diritto policontestuale*: Prospettive giuridiche della pluralizzazione dei mondi sociali. La città Del sole: Neapel, 1999, 112.

racteriza-se, assim, por estar vinculado a um tempo passado, o qual procura estabilizar as relações intersubjetivas planificando os tempos pessoais em tempos da coletividade. E, dessa forma, é impossível para a teoria kelseniana programar o futuro social, como também não consegue restringir a possibilidade de desordem no meio, seja com a edição de um infindável número de normas, seja com interpretação "avalorativa" dessas.

1.1.3. O (neo)positivismo

Como apontado retro, o postulado positivista clássico é um sistema fechado às influências de outros elementos da sociedade. Com o intuito de criar uma teoria do Direito "pura", a matriz kelseniana procurou refinar o sistema jurídico expurgando todo conteúdo anormativo. No entanto, essa busca "utópica" por uma teoria lógico-dedutiva que, através da simples subsunção dos fatos da vida aos preceitos normativos, desse todas as respostas ao Direito, passou, reiteradamente, por mutações/adaptações. Uma delas é a sistematização, isto é, a busca por categorias gerais que dêem suporte às categorias específicas. Assim,

"se existe um traço que caracteriza de modo geral as formas de racionalidade jurídica, este é o pensamento sistemático. De fato, a dogmática, como qualquer disciplina com pretensões em maior ou menor medida cognoscitivas, toma como um dos seus objetos fundamentais a sistematização do conhecimento, seja qual seja o critério de sistematização".[23]

A sistematização de categorias para o Direito positivo é a base de sua estrutura de encadeamento validativo, prescindindo assim de outros elementos. No entanto, a grande mudança do posicionamento dogmático é justamente a introdução de elementos extranormativos no processo decisional. Nesse caso, a inserção de valores materiais no sistema jurídico permitiu a construção de

---

[23] SANCHEZ, Jesus Maria Silva. *Aproximación al Derecho Penal Contemporâneo*. Barcelona: Jose M. Bosch editor, [s.d.]

uma teoria do Direito mais adaptada à realidade do mundo da vida – à qual se está inserido. Nesse sentido,

"o positivismo limitava o problema à questão da validade e da atribuição de sentido jurídico a atos e eventos. A teoria pura reduzia o problema a uma questão própria da teoria do conhecimento e tinha determinado as condições de possibilidade para pensar o ordenamento jurídico. Estas simplificações não enfrentavam o problema de fundo: a diferenciação de um sistema de ação que opera com base no sentido, que é operativamente fechado, que reproduz recursivamente a sua clausura e que não pode ser limitado por operações de natureza epistemológica".[24]

A utilização de disciplinas como a Sociologia, a Psicologia e a Antropologia possibilitou uma análise do Direito desvinculada dos mandamentos normativos. A Sociologia apresentou uma forma de observação dos fatos jurídicos à luz das práticas de uma sociedade e suas inter-relações comunicacionais. A Psicologia, por sua vez, possibilitou a análise de elementos da (ir)racionalidade humana e seus efeitos no mundo da vida. Por fim, a Antropologia apresenta ao Direito uma postura do ser humano enquanto Ser. O Direito não seria tido apenas como exposição de preceitos normativos. O Direito estaria conciliado com a realidade humana, e não apenas imposto a ela.

Essa abertura do sistema jurídico propiciou a incorporação de novas concepções teóricas e uma maior autonomia na elaboração conceitual. Contudo, trouxe também uma certa insegurança aos operadores do Direito. Essa insegurança reflete na textura mais subjetiva dos conceitos normativos empregados no processo de interpretação normativa. Para Bobbio,

"a interpretação é uma atividade muito complexa que pode ser concebida de diversos modos. Baseia-se na relação entre dois termos, o signo e o significado do próprio signo, e assim, assume sombreamentos diver-

---

[24] CAMPILONGO, Celso Fernandes. *O direito na sociedade complexa*. São Paulo: Max Limonad. 2000. p 184

sos, segundo os quais tende a gravitar para um ou para outro desses dois pólos. [...] A interpretação, que, segundo o positivismo jurídico, constitui a tarefa própria da jurisprudência, consiste no remontar dos signos contidos nos textos legislativos à vontade do legislador expressa através de tais signos".[25]

Essa perda da referência normativa permite uma sobreposição de elementos pragmáticos que restringe o jurista por retirar o arcabouço normativo da base do sistema jurídico. Nesse sentido, o crescente pragmatismo que ora se refere nas palavras de Dworkin "adota uma atitude cética com relação ao pressuposto que acreditamos estar personificado no conceito de Direito: nega que as decisões políticas do passado, por si só, ofereçam qualquer justificativa para o uso ou não do poder coercitivo do Estado".[26] Dessa forma, as modernas versões do positivismo procuram amenizar a falta de observância das mutações sociais por parte do positivismo extremista. Para Bobbio,

"a versão moderada do positivismo ético difere da extremista porque, à diferença desta última, não diz que o direito é um bem em si, e antes o valor supremo, pelo que necessita-se sempre a ele obedecer, mas diz somente que o direito é um meio (em termos kelsenianos, uma técnica de organização social) que serve para realizar um determinado bem, devemos obedecer ao direito. Porém, a versão moderada não diz que a ordem seja o valor supremo; se, num determinado momento histórico, um certo valor parece superior à ordem existente e com ele contraste, pode-se então romper a ordem [...] para realizar tal valor".[27]

A necessidade de abrir o sistema jurídico às interferências de outros elementos externos ao Direito iniciou uma discussão acerca da autonomia dessa ciência. Se se atrelar o Direito – e conseqüentemente, o processo deci-

---

[25] BOBBIO, Norberto. *O Positivismo Jurídico: lições de filosofia do direito*. São Paulo: Ícone, 1995, p. 213.

[26] DWORKIN, Ronald. *O império do direito*. São Paulo: Martins Fontes, 2003, p. 185.

[27] BOBBIO, Norberto. Op. cit., p. 232.

sional dele provindo – às estruturas extrajurídicas, pode-se perder uma das mais festejadas conquistas do mundo jurídico: o princípio da legalidade. Por mais que a noção de segurança jurídica não represente uma possibilidade fática, mas sim apenas uma expectativa, o livre arbítrio de um direito sem vinculação normativa extirparia as garantias fundamentais apregoadas pelo Direito vigente em um Estado Democrático de Direito tão desejoso.

Do todo observado, resta a noção de que um Direito estritamente direcionado pelo positivismo clássico, e sua construção normativa em um sistema fechado, não pode servir aos anseios do atual estágio de desenvolvimento socioestatal ao qual se está inserido. Tampouco um sistema, cuja orientação esteja vinculada à aplicação exclusiva de elementos extrajurídicos, pode suprir a falta de um elemento de estabilização de expectativas sociais em tempos de complexidade. Assim, tem-se que a construção dogmática, com viés valorativo[28] e esfera teleológica, apresenta-se como o ponto de mutação do positivismo em direção à contemporaneidade que atende as necessidades de um Direito com viés social.

1.1.4. A teoria analítica de Hart

Nesse subitem, inicia-se a observação sobre a teoria desenvolvida por Hart em sua obra *The concept of law* (1961). Por ser um dos primeiros autores a trabalhar a hermenêutica clássica,[29] Hart é, em decorrência disso, a pedra angular do sistema jurídico anglo-saxão. A proposta do postulado hartniano está embasada na crítica ao siste-

---

[28] Para Campilongo "De uma parte, existem regras que a análise decompõe e descreve; de outra parte, existe a máquina do direito, que funciona em virtude daquelas regras e que, por sua vez, não produz nada mais que normas. Neste ordenamento normativo o direito exprime um dever-ser que, em última instância, funda-se em um valor" CAMPILONGO, Celso Fernandes. *O direito na sociedade complexa*. São Paulo: Max Limonad. 2000, p. 178

[29] É importante ressalvar que existe divergência doutrinária acerca do enquadramento da teoria de Hart entre as matrizes analítico-positivistas e as hermenêuticas. Tal divergência se deve á utilização das normas jurídicas na delimitação de sua estrutura. Opta-se por apresentar a teoria de Hart como um elo entre o positivismo e a hermenêutica.

ma fechado apresentado pela matriz positivista de Kelsen. Assim, a teoria hartniana procura, de forma metódica e clara, superar as dificuldades do positivismo kelseniano no que concerne à interligação do sistema jurídico como meio que o circunda. Hart pretende, dessa forma, emancipar o julgador dos mandamentos estáticos e vinculativos prescritos pela dogmática.

A obra de Hart "O Conceito de Direito" questiona a forma de se obter um conceito e a sua aplicação ao Direito. A metodologia que conceitua um objeto partido do gênero – ou família – ao qual o objeto pertence para, através da apresentação dos seus pontos diferenciais, distingui-lo do meio não é adequada ao Direito, uma vez que, segundo Hart:

> "[...] uma definição que nos diz que algo é membro de uma família não nos pode ajudar, se tivermos apenas idéias vagas ou confusas quanto à natureza da família. É esta exigência que, no caso do direito, torna inútil essa forma de definição, porque aqui não há uma categoria geral bem conhecida e familiar, de que o direito seja membro".[30]

A hipótese de Hart aponta que cada comunidade possui "modos-padrão de comportamento, em termos daquilo que caracterizamos como regras de obrigação".[31] Tais preceitos, que coordenam uma determinada sociedade, são denominados *regras primárias* e servem de base para a construção de um sistema jurídico. São as regras primárias que, não obstante a sua precariedade em termos de formalização, podem proporcionar, inicialmente, um ambiente socialmente estável. No entanto, é mister uma consciência por parte da massa social da necessária submissão a essas "primitivas" regras de comportamento, porquanto, "un sistema jurídico existe si se produce en general una obediencia de la mayor parte de los ciuydadanos a lo que Hart llama regras primárias[...]".[32]

---

[30] HART, H.L.A. *O Conceito de direito*. Lisboa: Fundação Calouste Gulbenkian. 2. ed. 1996, p. 100.

[31] Idem, p 101.

[32] MARTINEZ, Gregório Peces-Barba. Prólogo. In: PÁRAMO, *Hart y la teoria analítica del derecho*, p. XX.

Nesse ponto, Hart aponta os defeitos de um sistema "jurídico" embasado unicamente em regras primárias: a *incerteza*, devido à falta de determinação das regras que devem ser seguidas; a *estática*, vista como a falta de um método – preestabelecido – de mutação das regras; e a *ineficácia* da pressão social difusa.[33] O primeiro defeito aponta que as regras primárias são privadas de hierarquia e apresentam-se como "um conjunto de padrões separados, sem qualquer identificação ou marca em comum [...]"[34] desprovidas de precisão terminológica e eivadas de possíveis expectativas falsas sobre quais as condutas aceitas em determinada sociedade, desse modo, "as disputas sobre se uma regra admitida foi ou não violada ocorrerão sempre e continuarão interminavelmente em qualquer sociedade [...] se não houver uma instância especial dotada de poder para determinar, de forma definitiva e com autoridade, o facto da violação".[35]

Já a estática das regras primárias pode ser observada como decorrência da falta de regras formais. Resta expressa no fato das mutações sociais, em uma sociedade cuja determinação das regras não é clara, ser mais lenta que em um ambiente com regras positivadas. Assim, a manutenção de um ambiente social determinado, exclusivamente, por regras primárias não permite a "fruição" das demais regras de conduta às regras jurídicas,

> "através do qual os tipos de conduta primitivamente pensados como facultativos se tornaram primeiramente habituais ou usuais e, depois, obrigatórios e o processo inverso de enfraquecimento que ocorre quando os desvios, outrora tratados com severidade, são primeiro tolerados e depois passam despercebidos".[36]

O terceiro defeito, conforme a teoria hartniana, que contamina o ambiente das regras primárias é a ineficácia.

---

[33] Cfr. HART, H.L.A. *O Conceito de direito.* Lisboa: Fundação Calouste Gulbenkian. 2 ed. 1996, p. 102-103.
[34] Idem, p. 102.
[35] Idem, p. 103
[36] Idem, p. 102.

Ela é apresentada como a falta de órgãos oficiais que ditem o Direito a ser seguido, evitando, assim, a adoção da vingança privada como meio de "auto-defesa, na ausência de um monopólio oficial das 'sanções'".[37]

Para que se possam, como afirma Hart, "remediar" os defeitos das regras primárias encontradas em estruturas sociais simples, faz-se imperioso complementá-las como *regras secundárias* de diferentes espécies.[38] É sobremodo importante ressaltar que a adoção dessas regras de complementação propicia a passagem de um mundo pré-jurídico para o jurídico.

No caso da incerteza das regras primárias, a solução encontrada pela doutrina hartniana é a introdução da *regra de reconhecimento*.[39] Essa regra deve ser positivada, isso é, ser reduzida a texto, para que não reste dúvida sobre quais condutas são permitidas ou não em determinada sociedade. Já a estática de um conjunto de normas primárias pode ser sanada com a adoção das *regras de alteração*[40] que permitem a criação e a derrogação de normas através do processo legislativo. Afinal, para que seja superada a ineficiência das regras primárias, adotam-se como forma de complemento regras que "dão o poder aos indivíduos para proferir determinações dotadas de autoridade respeitantes à questão sobre se, numa ocasião concreta, foi violada uma regra primária".[41] Essas regras denominam-se *regras de julgamento*.[42]

É sobremodo importante verificar que a teoria hartniana representa um aprimoramento em relação à teoria positivista. Em primeiro lugar, por possibilitar uma interpretação do direito à luz das hodiernas práticas e condutas sociais, uma vez que "para Hart, o Direito possui uma zona de textura aberta que permite a livre manifestação do

---

[37] HART, H.L.A. *O Conceito de direito*. Lisboa: Fundação Caloustre Gulbenkian. 2. ed. 1996, p. 103
[38] Idem, p. 103
[39] Idem, p. 104
[40] Idem, p. 105.
[41] Idem, p. 106.
[42] Idem, p. 106.

poder discricionário do juiz para a solução dos conflitos, nos chamados *hard cases*".[43] Em segundo, por vincular a validade da norma às regras primárias, que são postas/fáticas, e não à norma hipotética fundamental, que é pressuposta. Não obstante, as conjecturas de Hart terem inovado o cenário juscientífico, não se tornaram inacessíveis às criticas que serão trabalhadas a seguir.

1.2. Teoria hermenêutica

A hermenêutica, concebida como teoria da interpretação dos signos e/ou elementos simbólicos de uma cultura, tem sua gênese semântica atribuída à cultura grega[44] e está diretamente ligada ao personagem mitológico Hermes,[45] o mensageiro dos deuses. Responsável por transmitir mensagens ou indicar caminhos sob o comando de Zeus, seu pai, é considerado pelos gregos como o criador da linguagem e da escrita por representar a descoberta do novo anteriormente incompreensível.

Concebida como uma teoria que expressa a interpretação, a hermenêutica pode ser dividida em três períodos históricos. Num primeiro momento, foi utilizada para auxiliar nas discussões sobre as linguagens de escritos, propiciando, assim, a compreensão de textos que, devido à

---

[43] ROCHA, Leonel Severo; SCHWARTZ, Germano; CLAM, Jean. *Introdução à teoria do sistema autopoiético do Direito*. Porto Alegre: Livraria do Advogado. 2005, p. 24.

[44] O termo "hermenêutica" encontra sua gênese atrelada ao verbo grego *hermenein* ou *hermeneutilk*, que, inicialmente, era empregado para a interpretação dos livros sagrados. Cfr. LEAL, Rogério Gesta. Hermenêutica e direito: considerações sobre a teoria do direito e os operadores jurídicos. Santa Cruz do Sul: Edunisc, 1999, p. 100.

[45] Deus da mitologia grega, correspondente ao Deus mercúrio da mitologia Romana, filho de Zeus e Maia, nascido na Arcádia que apresentou logo, na infância, uma superior sabedoria e coragem. Considerado uma divindade para os pastores que o invocam para proteger os rebanhos. É representado na imagem de um jovem nu ou vestido com túnica curta; na cabeça, tem um capacete com asas calça sandálias aladas e traz na mão seu principal símbolo, o caduceu. Cfr. OST, François. Júpite, Hércules e Hermes: três modelos de juesz. *Doxa*. N. 14, 1993, p. 17.

distância temporal ou de linguagem, não possuíam tradução direta ao vernáculo pátrio. Assim, assinala Gadamer:[46]

"A hermenêutica antiga era, em primeiro lugar, um elemento prático da atividade de compreender e de interpretar mesmo e, freqüentemente, era menos um tratado teórico – que na Antigüidade se chamava precisamente 'techne' – que um livro auxiliar prático. Os livros que levavam o título de 'hermenêutica' tinham, na maioria das vezes, um caráter puramente pragmático-ocasional e ajudavam na compeensão de textos difíceis, mediante a clarificação das passagens que ofereciam dificuldades de compreensão".

Em outra fase, a hermenêutica serviu de suporte para a interpretação de textos bíblicos. Toda religião possui a sua doutrina, de tal modo, faz-se indispensável a aplicação de um sistema que possa interpretar os mandamentos por ela administrados à luz dos novos acontecimentos/mudanças sociais.

O escopo do presente item é apresentar as bases da concepção do Direito segundo a matriz hermenêutica. Para tanto, opta-se por dividir as observações infra em dois itens. O primeiro aponta as inovações trazidas por Dworkin ao assinalar a importância dos princípios em um sistema de construção interpretativa como o Direito. Tece, por decorrência, críticas ao Positivismo Jurídico e marca os desacertos acerca do posicionamento hartiniano. Já, o segundo item acena a possibilidade da aplicação da hermenêutica filosófica ao Direito, ressaltando os legados científicos de Gadamer e Heidegger e a revolução provocada no século XX pelo *Ontological Turn* acerca do binômio linguagem e Direito.

1.2.1. Dworkin e o Império do Direito

Como esta obra tem como um dos seus escopos a análise das matrizes teórico-filosóficas que embasam os

---

[46] GADAMER, Hans-Georg. *A Razão da Época da Ciência*. Rio de Janeiro: Tempo Brasileiro, 1983, p. 61.

Direitos Fundamentais, faz-se cogente uma abordagem do postulado defendido por Dworkin. Nesse sentido, para a abordagem que segue, inicialmente, serão observados os conceitos de legitimação, a coerção estatal e a função dos princípios no sistema jurídico. Em uma segunda fase, analisar-se-ão as críticas tecidas por Dworkin tanto ao positivismo de Kelsen quanto ao posicionamento de Hart. Por fim, será feita uma introdução à concepção de Direito como construção interpretativa.

O principal objeto da abordagem de Dworkin é o Direito em seu viés filosófico, isto é, apontar os pontos de divergência acerca do Direito, suas críticas e bases teóricas para, ao final, apresentar uma proposta de teoria que seja considerada adequada aos hodiernos fundamentos jurídicos.[47]

A proposta de análise do postulado dworkiniano está consubstanciada na observação inicial da subjetividade do julgador e, após, na apresentação de uma proposta de concepção para o Direito. Entre as concepções observadas: convencionalismo, pragmatismo e Direito como integridade, Dworkin optará por tecer críticas às duas primeiras e esposar a terceira como a mais adequada ao sistema social.

Para Dworkin, o Direito tem de ser observado como uma prática argumentativa que possui duas formas de trabalho: uma interna e outra externa.[48] Cada qual com

---

[47] Cfr. DWORKIN, Ronald. *O império do direito*. São Paulo: Martins Fontes, 2003, p. 15.

[48] "Esse aspecto argumentativo crucial da prática do Direito pode ser estudado de duas maneiras, ou a partir de dois pontos de vista. Um deles é o ponto de vista exterior do sociólogo ou historiador, que pergunta por que certos tipos de argumentos jurídicos se desenvolvem em certas épocas ou circunstâncias, e não em outras, por exemplo. O outro é o ponto de vista interior daqueles que fazem as reivindicações. Seu interesse não é, em última análise, histórico, embora possam considerar a história relevante; é prático, exatamente no sentido que a presente objeção ridiculariza. Essas pessoas não querem que se especule sobre as reivindicações jurídicas que farão, mas sim, demonstrações sobre quais dessas reivindicações são bem fundadas e por quê; querem teorias não sobre o modo como a história e a economia formaram sua consciência, mas sobre o lugar dessas disciplinas na demonstração daquilo que o direito exige que elas façam ou tenham". Cfr. DWORKIN, Ronald. *O império do direito*. São Paulo: Martins Fontes, 2003, p. 18.

suas características e aplicações. Opta Dworkin pela postura analítica interna, isto é, busca o autor "apreender a natureza argumentativa de nossa prática jurídica ao associar-se a essa prática e debruçar-se sobre as questões de acerto e verdade com as quais os participantes se deparam".[49]

A aplicação do Direito não prescinde de uma subjetividade inerente ao seu operador. O Direito não é norma jurídica – como quisera o positivismo jurídico. Ele é apenas um elemento sobre o qual o operador vai iniciar a construção de sentidos.[50] O Direito clama por uma teoria que, partindo do preceito normativo, saiba tecer "o pano de fundo" para o meio social. A interpretação,[51] de tal modo, torna-se imperiosa para o Direito, uma vez que, "assim como os críticos literários precisam de uma teoria operacional, ou pelo menos de um estilo de interpretação, para interpretar o poema por trás do texto, os juízes também precisam de algo como uma teoria da legislação para fazer o mesmo com relação às leis".[52] Resta, assim, o positivismo jurídico fadado à incompletude no que se refere à sua aplicação aos casos concretos.

Assinale-se, ainda, que Dworkin critica a postura positivista enunciada por Hart ao adotar a sua "regra de reconhecimento" como elemento fundante e responsável pela unidade do sistema jurídico. Tal regra atribuiria autoridade para determinados indivíduos ou grupos para criar leis e atribuir sanções em um determinado ambiente social.

---

[49] Cfr. DWORKIN, Ronald. *O império do direito*. São Paulo: Martins Fontes, 2003, p. 19.

[50] Para Ávila, "[...]o intérprete não constrói, mas reconstrói sentido, tendo em vista a existência de significados incorporados ao uso lingüístico e construídos na comunidade do discurso". ÁVILA, Humberto. *Teoria dos princípios*: da definição à aplicação dos princípios jurídicos. 2 ed. São Paulo: Malheiros. 2003, p. 25.

[51] Dworkin tece uma outra crítica ao positivismo no que se refere à interpretação das regras pelos tribunais. Segundo ele: "Se os tribunais tivessem o poder discricionário para modificar as regras estabelecidas, essas regras certamente não seriam obrigatórias e, dessa forma, não haveria direito nos termos do modelo positivista". DWORKIN, Ronald. *Levando os direitos a sério*. São Paulo: Martins Fontes, 2002, p. 59.

[52] DWORKIN, Ronald. *O império do direito*. São Paulo: Martins Fontes, 2003, p. 22.

"Assim, as proporções jurídicas não são verdadeiras apenas em virtude da autoridade de pessoas que costumam ser obedecidas, mas, fundamentalmente, em virtude de convenções sociais que representam a aceitação, pela comunidade, de um sistema de regras que outorga a tais indivíduos ou grupos o poder de criar leis válidas".[53]

Nesse diapasão, Dworkin critica o posicionamento da teoria de Austin.[54] Para ele, a obrigação jurídica austiniana subsume o indivíduo a uma regra de caráter geral que obriga os outros a se comportarem de modo específico conforme um desejo geral. Esse desejo é sustentado pelo poder de fazer valer essa expressão em caso de desobediência. Forma-se, assim, um conjunto de regras que servem para reger a ordem pública.[55]

Tanto o modelo de regras de reconhecimento, de Hart, como o de regras que regem a ordem pública, de Austin, possuem limitações e semelhanças. A primeira, por adotar um sistema que presume que uma maioria adotaria determinadas regras na sua convivência pratica. A segunda, aponta, de forma simplista e reducionista, que o direito é constituído de regras que se equiparam a ordens. Ambas se equiparam no fato de suas teorias reconhecerem que as regras jurídicas têm limites imprecisos.[56]

Segundo o postulado hatniano, o sistema jurídico é formado por regras que, após o seu reconhecimento por uma regra secundária, passam a determinar quais comportamentos são passíveis de aceitação/realização em um determinado período histórico numa dada sociedade. Como não existem dois fatos da vida considerados iguais, o número de regras que prevêem as atuações fáticas tende a ser cada vez maior, no intuito de prever a maioria – já que a totalidade é impossível – dos fatos admissíveis so-

---

[53] DWORKIN, Ronald. *O império do direito*. São Paulo: Martins Fontes, 2003, p. 42.
[54] Idem, p. 42.
[55] Cfr. DWORKIN, Ronald. *Levando os direitos a sério*. São Paulo: Martins Fontes, 2002, p. 29-30.
[56] Idem, p. 34-35.

cialmente. Dessa forma, a tentativa utópica de regrar todos os possíveis fatos sociais é a maior crítica tecida ao postulado hatniano.

Para Dworkin, o positivismo é a teoria que elimina do sistema jurídico a argumentação, buscando, apenas, a aplicação do Direito segundo critérios empíricos.[57] É "[...] a teoria semântica que sustenta o ponto de vista do direito como simples questão de fato e a alegação de que o verdadeiro argumento sobre o direito deve ser empírico, não teórico".[58] Assim, será dificultosa a aplicação do Direito – pelo sistema positivista – a casos novos sobre os quais não exista expressa legislação a regular.[59]

Toda a aplicação do Direito deve ser pautada por um processo interpretativo-sociotemporal. O Direito é ditado em uma determinada sociedade, em um dado tempo com base nos critérios adotados pelo consenso social. Nesse sentido, pode-se apregoar que "o direito é uma prática social que, no decorrer do tempo, vai tendo vário sentidos, os quais devem ser interpretados de acordo com a sua melhor justificativa, e não de acordo com alguma teoria

---

[57] Nesse mesmo sentido, é o posicionamento de Campilongo ao afirmar que "a contestação ao positivismo metodológico sedimentou também uma oposição ao positivismo jurídico que se exprimiu por diversas maneiras: ou por meio de uma reavaliação da razão comunicativa, ou através de um reexame da ontologia transpositiva, mediante a hermenêutica, ou por uma fusão de ambas as perspectivas" CAMPILONGO, Celso Fernandes. *O direito na sociedade complexa*. São Paulo: Max Limonad. 2000. p 179.

[58] DWORKIN, Ronald. *O império do direito*. São Paulo: Martins Fontes, 2003, p. 45.

[59] Para Dworkin, o positivismo é a teoria mais aceita pelos juristas de orientação acadêmica. Tal teoria pode ser delimitada em três preceitos-chaves: a) o direito de uma comunidade é um conjunto de regras especiais utilizado direta ou indiretamente pela comunidade com o propósito de determinar qual o comportamento será punido ou coagido pelo poder público; b) o conjunto dessas regras é coextensivo com "o direito" de modo que se o caso de alguma pessoa não estiver claramente coberto por uma regra dessas (devido ao fato de não existir nenhuma regra que pareça apropriada) então esse caso não pode ser decidido mediante a "aplicação do direito"; c) dizer que uma pessoa tem uma "obrigação jurídica" é dizer que seu caso se enquadra em uma regra jurídica válida que exige que ele faça ou se abstenha de fazer alguma coisa [...] Na ausência de uma tal regra jurídica válida não existe obrigação jurídica; segue-se que quando o juiz decide uma matéria controversa, exercendo sua discrição, ele não está fazendo valer um direito jurídico correspondente a essa matéria. Cfr. DWORKIN, Ronald. *Levando os direitos a sério*. São Paulo: Martins Fontes, 2002, p. 27-29.

semântica que tente fixar o seu significado".[60] Para isso, convém destacar que a própria interpretação deve seguir uma coerência mínima para ser aceita, destarte, "[...] uma teoria da interpretação é uma interpretação da prática dominante de usar conceitos interpretativos".[61] Qual será o sentido a determinar como o Direito deve ser interpretado? Essa é a questão maior no Império chamado Direito.

Como se há de verificar, o Direito segue paralelamente uma linha interpretativa semelhante à da arte,[62] uma vez que ambas buscam abstrair de elementos perceptíveis (leis; quadros...) o sentido que deve ser seguido/construído. É sobremodo importante ressaltar que, conforme Dworkin,

> "[...] uma interpretação é, por natureza, o relato de um propósito; ela propõe uma forma de ver o que é interpretado – uma prática social ou uma tradição, tanto quanto um texto ou uma pintura – como se fosse o produto de uma decisão de perseguir um conjunto de temas, visões ou objetivos, uma direção em vez de outra".[63]

Ainda, para que ocorra uma melhor construção do Direito, deve-se buscar uma resposta aos casos concretos que fizesse "[...]com que a decisão se harmonize o melhor possível com a jurisprudência anterior e, ao mesmo tempo a atualize (justifique) conforme a moral política da comunidade".[64] Dessa forma, para que haja uma interpretação

---

[60] WALDMAN, Ricardo Libel. A teoria dos princípios de Ronald Dworkin. *Direito e Democracia*, v. 2 n. 2, p. 425-447.; 2 ° sem. 2001, p. 436.
[61] DWORKIN, Ronald. *O império do direito*. São Paulo: Martins Fontes, 2003, p. 60.
[62] "A forma de interpretação que estamos estudando – a interpretação de uma prática social – é semelhante à interpretação artística no seguinte sentido: ambas pretendem interpretar algo criado pelas pessoas como uma entidade distinta delas, e não o que as pessoas dizem, como na interpretação da conversação, ou fatos não criados pelas pessoas, como no caso da interpretação científica. Vou concentrar-me nessa semelhança entre a interpretação artística e a interpretação de uma prática social; atribuirei a ambas a designação de formas de interpretação "criativa", distinguindo-as, assim, da interpretação da conversação e da interpretação científica". Cfr. DWORKIN, Ronald. *O império do direito*. São Paulo: Martins Fontes, 2003, p. 61.
[63] DWORKIN, Ronald. *O império do direito*. São Paulo: Martins Fontes, 2003, p. 71.
[64] ROCHA, Leonel Severo; SCHWARTZ, Germano; CLAM, Jean. *Introdução à teoria do sistema autopoiético do Direito*. Porto Alegre: Livraria do Advogado. 2005, p. 24.

construtiva, deve-se, com efeito, adotar um processo interpretativo estruturado em três etapas distintas.

"Primeiro deve haver uma etapa 'pré-interpretativa' na qual são identificados as regras e os padrões que se consideram o conteúdo experimental da prática. [...] Em segundo lugar, deve haver uma etapa interpretativa em que o intérprete se concentre numa justificativa geral para os principais elementos da prática identificada na etapa pré-interpretativa. [...] Por último deve haver uma etapa pós-interpretativa ou reformadora a qual ele ajuste sua idéia daquilo que a prática 'realmente' requer para melhor servir à justificativa que ele aceita na etapa interpretativa".[65]

Convém ponderar que, apesar da submissão do processo de interpretação às etapas acima descritas, partir-se-á, concomitantemente, de um determinado paradigma que servirá de linha mestra para todo o processo interpretativo. Mesmo assim, o Direito não pode ser reduzido à observância inconteste de determinado paradigma, uma vez que a característica da sociedade é a constante mutação paradigmática. "Os paradigmas fixam as interpretações, mas nenhum paradigma está a salvo de contestação por uma nova interpretação que considere melhor outros paradigmas e deixe aquele de lado, por considerá-lo um equívoco".[66]

Nesse sentido, por mais simples que seja considerado o caso a ser interpretado, ele será decidido conforme o paradigma adotado pelo sistema jurídico dominante ao seu tempo. Se, todavia, o caso em voga for considerado de difícil decisão, a resposta não pode ser acatada como certa ou errada, mas sim como mais ou menos adequada, permanecendo, no entanto, como uma resposta diferente de outra, igualmente aplicável.[67]

---

[65] DWORKIN, Ronald. *O império do direito*. São Paulo: Martins Fontes, 2003, p. 81-82.
[66] Idem, p. 89.
[67] Idem, p. 95.

A decisão judicial a ser tomada como a mais adequada em cada caso concreto é diretamente influenciada pelas práticas e precedentes judiciais que dominam a seara do Direito acerca de casos semelhantes ao que será decidido, bem como, pela ideologia à qual o julgador está naturalmente vinculado. "Juízes diferentes pertencem a tradições políticas diferentes e antagônicas, e a lâmina das interpretações de diferentes juízes será afiada por diferentes ideologias".[68] Em detrimento do posicionamento hartniano, pode-se notar que o processo de interpretação do Direito é um processo parcial e conduzido segundo a ideologia do julgador.

Seguindo nessa mesma esteira argumentativa, pode-se apontar que as regras, devido à sua aplicação restrita, não conseguem apresentar respostas a todos os fatos que necessitam do posicionamento do Direito. Essa falta de resposta pode ser suprida com a aplicação dos princípios como forma de orientação do sistema jurídico. Nesse caso, Dworkin afirma existirem três concepções antagônicas de Direito: o convencionalismo; o pragmatismo e o Direito como integridade.

A primeira concepção pode ser considerada limitada, uma vez que "a moral política não exige respeito pelo passado, de tal modo que, quando a força da convenção se esgota, os juízes devem encontrar, para tomar suas decisões, um fundamento resultante de uma visão prospectiva".[69] Assinale-se ainda, que a posição convencionalista está assentada sob uma estrutura que utiliza as decisões políticas[70] do passado de uma forma explícita e incontestável,[71] limitando a atuação do julgador às determinações emanadas do Poder Legislativo estatal.

---

[68] DWORKIN, Ronald. *O império do direito*. São Paulo: Martins Fontes, 2003, p. 110-111.

[69] Idem, p. 119.

[70] Política para Dworkin é o "tipo de padrão que estabelece um objetivo a ser alcançado, geralmente em algum aspecto econômico, político ou social da comunidade". DWORKIN, Ronald. *Levando os direitos a sério*. São Paulo: Martins Fontes, 2002, p. 36.

[71] DWORKIN, Ronald. Op. cit., p. 141.

Esse engessamento do processo de interpretação do Direito não propicia um ambiente favorável aos princípios. Tal fato se deve à maior proximidade dos princípios com a moral vedada pelo convencionalismo. Segundo Dworkin, a teoria hartniana é um exemplo de extremo convencionalismo, uma vez que está embasada em uma regra de reconhecimento que fora aceita por quase todos, sejam juristas ou juízes, não importando o seu conteúdo.[72]

O convencionalismo apresenta-se problemático quando o significado da lei é inadequado ao caso concreto. Essa é uma característica do processo de atribuição de sentido às leis para que possam ser consideradas normas de Direito. Tal dificuldade "mostra que algo mais deve ser dito sobre a natureza de uma convenção, sobre a extensão e o tipo de concordância que é necessária para que uma proposição jurídica específica possa ser verdadeira em virtude de uma convenção jurídica específica".[73] Dessa forma, o centro do ordenamento jurídico, determinado pelo convencionalismo, é formado pela previsibilidade característica da observância "cega" dos preceitos normativos abstraídos da flexibilidade necessária para a adaptação do sistema jurídico às mutações sociais.

No que tange ao pragmatismo, pode-se analisá-lo como uma concepção cética do Direito, já que desconsidera a existência de direitos e pretensões protegidos pelo ordenamento jurídico, rompendo com a coerência lógica de uma construção do Direito como um processo contínuo e expectável de argumentação. Segundo essa concepção, "[...] os juízes tomam e devem tomar quaisquer decisões que lhes pareçam melhores para o futuro da comunidade, ignorando qualquer forma de coerência com o passado como algo que tenha valor por si mesmo".[74] Rompe-se, dessa forma, toda e qualquer pretensão de segurança jurídica, restando ao destinatário da norma a mais pura certeza da incerteza.

---

[72] Cfr. Nota DWORKIN, Ronald. *O império do direito*. São Paulo: Martins Fontes, 2003, p. 143.
[73] Idem, p. 150.
[74] Idem, p. 119.

Por sua vez, o pragmatismo estimula os juízes a optarem pelas decisões que, segundo seus pontos de vista, melhor sirvam à comunidade. Nesse caso, o processo decisional prescinde da observância dos precedentes judiciais que antecederam o caso em pauta. Findam-se as expectativas – por mais que impossíveis – de se obter a segurança jurídica. O Direito, nesse caso, fica direcionado para o futuro, tendo como fundamento maior a subjetividade do julgador ao determinar qual a postura que melhor atenderá os anseios da comunidade. O pragmatismo "[...] nega que as pessoas tenham quaisquer direitos; adota o ponto de vista de que elas nunca terão direito àquilo que seria pior para a comunidade apenas porque alguma legislação assim estabeleceu, ou porque uma longa fileira de juízes decidiu que outras pessoas tinham tal direito".[75]

Como é observável, o pragmatismo é uma teoria jurídica interpretativa. Sua essência é tirar o foco do Direito da norma para atrelá-lo à interpretação, tornando-o, de tal modo, mais flexível às mutações do meio social. No entanto, pode, subsidiariamente, utilizar-se de regras para fundamentar suas decisões, contanto que o novo posicionamento não contrarie o anteriormente adotado. Assim sendo, "a regra correta é aquela que se mostra melhor para o futuro"[76] sem quebrar as estruturas do passado.

1.2.2. O Direito como integridade

A terceira concepção – o Direito como integridade – é defendida por Dworkin como a mais adequada. Ela tem como base a observância do passado do ordenamento jurídico acrescido de uma aceitabilidade da moral como elemento integrante do processo de ereção de um sistema jurídico. Dworkin apregoa que "[...] direitos e responsabilidade decorrem de decisões anteriores e, por isso, têm valor legal, não só quando estão explícitos nessas deci-

---

[75] DWORKIN, Ronald. *O império do direito*. São Paulo: Martins Fontes, 2003, p. 186.
[76] Idem, p. 193.

sões, mas também quando procedem dos princípios de moral pessoal e política que as decisões explícitas pressupõem a título de justificativa".[77] Não obstante, é de se ressaltar que Dworkin estabelece uma distinção entre duas formas de integridade: a integridade na legislação e a integridade na deliberação judicial.

A primeira restringe aquilo que os legisladores e outros partícipes de criação do Direito podem fazer corretamente ao expandir ou alterar as normas públicas. A segunda, requer que, até onde seja possível, os juízes tratem o atual sistema de normas públicas como se esse expressasse e respeitasse uns conjuntos coerentes de princípios e, com esse fim, que interpretem as relações de modo a descobrir normas implícitas entre e sob as normas explícitas.[78]

Como o Estado possui o monopólio da força coercitiva, é imperioso que se observe a integridade como elemento de controle do poder. Essa limitação diz respeito à possibilidade de o poder estatal ser direcionado para fins contrários à moral. "A integridade protege (o Estado) contra a parcialidade, a fraude ou outras formas de corrupção oficial",[79] direcionando o poder estatal no sentido da efetivação da *vox populi*, promovendo a coesão da moral com a política. As noções de moral e política são inerentes ao Direito, necessariamente auxiliando/influenciando na edificação de um sistema jurídico mais justo.[80] Dessa forma, mantém-se a legitimidade do Estado frente aos seus cidadãos, que seguem o ordenamento jurídico que lhes impõem deveres.

Para que o *Império do Direito* passe a ser regido pela integridade, deve haver um pacto social de fraternidade. Não necessariamente uma fraternidade espontânea, podendo ser o resultado da consciência de que se observa no

---

[77] DWORKIN, Ronald. *O império do direito*. São Paulo: Martins Fontes, 2003, p. 120.
[78] Idem, p. 261.
[79] Idem, p. 228.
[80] Cfr. WALDMAN, Ricardo Libel. A teoria dos princípios de Ronald Dworkin. *Direito e Democracia*, v. 2 n. 2, p. 425-447, 2 º sem. 2001, p. 443.

outro o reflexo do observador. A responsabilidade associativa[81] seria assim a forma de extensão do individual para o coletivo, criando um acordo sobre as construções sociais, novando o contrato social e propiciando um ambiente democrático de debate. Dessa forma, o direito como integridade proclama uma interpretação do Direito desprendido do engessamento das regras afixadas no passado e livre das incertezas expectáveis do futuro. Sua aplicação "começa no presente e só se volta para o passado na medida em que seu enfoque contemporâneo assim o determina".[82] O do império do Direito é erguido sobre as bases sólidas de um passado repensado pelos "olhos da moral" e projetado com uma textura aberta para as mutações que a previsibilidade pode determinar como possíveis.

O Direito como integridade nega que as manifestações do Direito sejam relatos factuais do convencionalismo, voltados para o passado, ou programas instrumentais do pragmatismo jurídico, voltados para o futuro. Insiste em que as afirmações jurídicas são opiniões interpretativas e que, por esse motivo, combinam elementos que se voltam tanto para o passado quanto para o futuro; interpretam a prática jurídica contemporânea como uma política em desenvolvimento. Assim, o Direito como integridade rejeita, por considerar inútil, a questão de os juízes descobrirem ou inventarem o direito; sugere que só se entende o raciocínio jurídico tendo em vista que os juízes fazem as duas coisas e nenhuma delas.[83]

Dworkin afirma que o processo de construção do direito é similar a um romance escrito em série.[84] Ambos

---

[81] Cfr. DWORKIN, Ronald. *O império do direito*. São Paulo: Martins Fontes, 2003, p. 246.

[82] Idem, p. 274.

[83] Idem, p. 271.

[84] Para Dworkin "em tal projeto, um grupo de romancistas escreve um romance em série; cada romancista de cadeia interpreta os capítulos que recebeu para escrever um novo capítulo, que é então acrescentado ao que recebe o romancista seguinte, e assim por diante. Cada um deve escrever o seu capítulo de modo a criar da melhor maneira possível o romance em elaboração, e a complexidade dessa tarefa reproduz a complexidade de decidir um caso difícil de direito como integridade". DWORKIN, Ronald. Op. cit., 2003. p. 276.

possuem um encadeamento de argumentos anteriores que devem ser observados ao se determinar a opção a ser seguida. Tanto o autor de um romance em série como o julgador seguem uma ordem previamente estabelecida que, aliada à subjetividade específica do indivíduo, servirão de contexto para a produção da decisão ou do romance. Ambos buscam a excelência de sua produção, tornando-a mais significativa para o contexto que se encontram. "A sábia opinião de que nenhuma interpretação poderia ser melhor deve ser conquistada e defendida como qualquer outro argumento interpretativo".[85]

O processo decisional no Direito como integridade é complexo e pautado sobre critérios políticos. Complexo devido ao fato de que o julgador deve considerar as decisões anteriores, dadas a casos semelhantes, como um marco para sua tomada de posição. No que se refere ao critério político, o Direito recebe influências do sistema político através das convicções políticas dos julgadores. Forma-se um conjunto de princípios[86] sobre a eqüidade, a justiça e o devido processo legal, construindo, assim, uma comunidade de princípios.[87] Os juízes que aceitam o ideal interpretativo da integridade decidem casos difíceis tentando encontrar, em algum conjunto coerente de princípios sobre os direitos e deveres das pessoas, a melhor interpretação da estrutura política e da doutrina jurídica de sua comunidade, "[...] mas quem quer que aceite o direito como integridade deve admitir que a verdadeira história política irá às vezes restringir suas convicções políticas em seu juízo interpretativo geral".[88]

---

[85] DWORKIN, Ronald. *O império do direito*. São Paulo: Martins Fontes, 2003, p. 285.

[86] Dworkin define princípio como "um padrão que deve ser observado, não porque vá promover ou assegurar uma situação econômica, política ou social considerada desejável, mas porque é uma exigência de justiça ou eqüidade ou alguma outra dimensão da moralidade". DWORKIN, Ronald. *Levando os direitos a sério*. São Paulo: Martins Fontes, 2002, p. 36.

[87] Cfr. DWORKIN, Ronald. Op. cit., p. 291.

[88] Idem, p. 291.

Nesse ponto, faz-se imperioso aludir à diferenciação feita por Dworkin entre regras jurídicas e princípios jurídicos. As regras têm um sistema de aplicação rígido. Sua aplicação é "à maneira do tudo-ou-nada",[89] ou a regra é aceita e, dessa forma é válida, ou não. Já os princípios possuem um sistema de aplicação mais aberto, sendo ponderado qual o princípio que mais se adapta ao caso especifico. Dessa forma, quando houver colisão entre dois princípios, o operador do Direito deverá levar em conta a força de cada um, aplicável ao caso concreto. Nesse diapasão, "[...] ao aplicar os princípios, os juízes não estão sendo arbitrários, nem usurpando o poder legislativo, mas sim, fazendo o que se requer deles: a melhor interpretação possível de nossas instituições [...]".[90] Em contrapartida, quando houver choque entre duas regras, uma delas deverá ser afastada.[91] Assim, "quando uma regra sofre exceção, ela é simplesmente substituída; já um princípio é sempre levado em consideração, ainda que ele não seja determinante para a decisão no caso concreto".[92]

Do todo observado neste subitem, verifica-se que entre a concepções de Direito analisadas – convencionalismo, pragmatismo e Direito como integridade – a primeira apresenta-se estática e vinculada ao passado, como um sistema fechado; a segunda tenta idealizar, no futuro, o objeto do Direito, deixando o sistema jurídico aberto às interpretações vindouras e eliminando, por conseqüência, qualquer possibilidade de criação de uma (pseudo)segurança jurídica. Já o Direito como integridade, visa a aliar as benesses dos dois sistemas anteriores, erguendo um Direito modelado pelos princípios de eqüidade e justiça.

---

[89] DWORKIN, Ronald. *Levando os direitos a sério*. São Paulo: Martins Fontes, 2002, p. 39.
[90] WALDMAN, Ricardo Libel. A teoria dos princípios de Ronald Dworkin. *Direito e Democracia*, v. 2 n. 2, p. 425-447.; 2° sem. 2001, p. 444.
[91] DWORKIN, Ronald. *Levando os direitos a sério*. São Paulo: Martins Fontes, 2002, p. 43.
[92] WALDMAN, Ricardo Libel. A teoria dos princípios de Ronald Dworkin. *Direito e Democracia*, v. 2 n. 2, p. 425-447.; 2° sem. 2001, p. 432.

1.2.3. Ontological Turn: a hermenêutica filosófica de Gadamer e Heidegger

É necessário ressaltar a diferença existente entre a hermenêutica clássica e a filosófica. A primeira é tida como técnica empregada pelo sistema jurídico para a interpretação de textos jurídicos. Já a segunda, defendida por Gadamer e Heidegger, pode ser vista como uma teoria da construção do Direito, a partir da linguagem e da argumentação mediante a atribuição de sentido.

Foi Heidegger que transformou a acepção da hermenêutica, anteriormente restrita à aplicação em processos de interpretação normativo-textual, possibilitando sua aplicação em searas da filosofia. "Com Heidegger, a hermenêutica deixa de ser normativa e passa a ser filosófica".[93] Em seqüência, Gadamer propôs a adoção da hipótese apresentada pela hermenêutica filosófica como uma teoria aplicável a todo o conhecimento, afirmando que "a hermenêutica como teoria filosófica diz respeito à totalidade de nosso acesso ao mundo".[94] Gadamer utiliza-se da arte para exemplificar como o ser vive em um constante processo de (re)construção dos sentidos contidos na linguagem. Dessa forma,

"a obra de arte, não sendo alcançável única e exclusivamente através da lógica reflexionante, conclui-se que sua articulação e configuração esconda algo acessível somente àquele que – sem compromissos, de antemão controláveis pela reflexão – a ela se entrega. A arte exige-nos pela sua simples presença".[95]

Para Gadamer, a interpretação de uma obra de arte é similar à interpretação da linguagem. A obra de arte não se deixa apreender de forma finita pelo observador. Ao observar-se uma determinada obra de arte, o ser interage

---

[93] STRECK, Lenio Luiz. *Hermenêutica Jurídica (e)m Crise*: uma exploração hermenêutica do Direito. Porto Alegre: Livraria do Advogado, 1999, p. 170.

[94] Gadamer *apud* STRECK, Lenio Luiz. Idem, p. 169.

[95] ALMEIDA, Custódio Luís Silva de, FLICKINGER, Hans-Georg, ROHDEN, Luiz. *Hermenêutica filosófica*: nas trilhas de Hans-Georg Gadamer. Porto Alegre: EDIPUCRS, 2000, p. 32.

com a forma expressa pela obra em consonância com as expectativas de sentido intrínsecas à sua constituição de ser do/no mundo. Tanto a obra de arte como a linguagem não podem ser reduzidas aos determinismos que apregoam a atribuição de significados estanques aos signos. É o reconstruir do ideário do observador que atribuirá o sentido à linguagem, assim como à obra de arte. Nesse sentido,

"[...] é esta impossibilidade que a arte exibe de encontrar repouso nas certezas do conceito teórico, que vem testemunhar em favor tanto da primazia da experiência ontológica, quando da abrangência expressiva da linguagem, que não se deixam reduzir ao uso meramente instrumental".[96]

Os sentidos expressos por determinada obra de arte constituem um exemplo de interpretação reconstruída. A mensagem nunca será a mesma. Seja pela mudança de observador, seja pela mudança no observador. O ser não é. Ele foi ou será. E assim, a segunda leitura de Rousseau não é tão cristalina como a terceira nem tão excitante quanto a primeira. Para Almeida,

"na subsistência da palavra poética e da obra de arte se encontra um enunciado que está em si mesmo; e como a proposição especulativa exige a exposição dialética, assim também a obra de arte exige a interpretação, porquanto essa não possa ser exaurida plenamente por qualquer interpretação".[97]

Outra questão suscitada pela hermenêutica filosófica é a postura do ser frente à consciência da sua finitude. Tal ciência impõe ao ser um enfretamento do meio com a expectativa de que a morte é o marco da sua existência terrena. O indivíduo torna-se objeto de sua própria observação, deixando o papel de observador para assumir uma postura de auto-observador. Dessa forma, "todos nossos fantásticos mitos que nos garantem uma vida além

---

[96] ALMEIDA, Custódio Luís Silva de, FLICKINGER, Hans-Georg, ROHDEN, Luiz. *Hermenêutica filosófica*: nas trilhas de Hans-Georg Gadamer. Porto Alegre: EDIPUCRS, 2000, p. 43-44.
[97] Idem, p. 91.

da morte, vêm de nossa resistência de sujeitos a nosso destino de objetos".[98] Esse – eterno – questionar sobre a existência do ser, e sua situação como ente integrante de um meio, é trabalhado da antiguidade à presentificação.

"[...]Platão, mostrou-nos no que consiste essa sabedoria, isto é, no saber acerca do não-saber. É esse modo insubordinável, no qual nós, homens, buscamos entender o Outro, o desconhecido, o *ignoramus* e o *ignorabimus*, esse não saber do homem acerca de sua própria situação no mundo – no curto espaço temporal da vida, que acaba através da morte".[99]

O ser humano, na acepção de sentir-se humano, é um mal que o *logus* aristotélico impõe ao homem pela consciência de sua finitude. Um mal que põe limite às expectativas do ser enquanto ente histórico e expõe a face história do *homus socialis*. Assim, segundo assevera Almeida: "Ao ter consciência de sua *finitude*, o homem descobre o próprio limite de ser humano. A experiência da *finitude* revela ao homem seu pertencimento à história. Então, ele percebe que não é senhor nem do tempo, nem do futuro".[100]

É o reflexo dessa postura de finitude que assegura à linguagem a posição do ser no mundo, com isso, permite uma (pré)compreensão do meio e uma externação de horizontes comuns típicos da construção lingüística. O ser não cria a linguagem, apenas é inserido nela e figura como mero partícipe nesse processo de (re)construção/mutação *ad eternum* chamado comunicação. Uma vez que, "em todo nosso pensar e conhecer somos já sempre parciais devido à interpretação lingüística do mundo, na qual o desdobrar-se no mundo significa crescer. Nesse ponto, a linguagem

---

[98] MORIN, Edgar. *Ciência com consciência*. Rio de Janeiro: Bertrand Brasil, 1996, p. 324.
[99] ALMEIDA, Custódio Luís Silva de, FLICKINGER, Hans-Georg, ROHDEN, Luiz. *Hermenêutica filosófica*: nas trilhas de Hans-Georg Gadamer. Porto Alegre: EDIPUCRS, 2000, p. 15.
[100] Idem, p. 111.

é a marca propriamente dita de nossa finitude que se encontra, já sempre, para além de nós".[101]

A existência do homem no mundo é compreensão. Somente através da apreensão dos sentidos, aliada a uma pré-compreensão do meio que lhe é inerente como ser do/no próprio meio, é que se pode interpretar. "O mundo só se nos dá na medida em que já temos sempre certo patrimônio de idéias, é dizer, certos pré-juizos que nos guiam na descoberta das coisas".[102] Desse modo, é através do *Dasein*[103] – pré-compreensão inerente ou próprio ser/conhecer humano – que se busca tecer qualquer juízo de atribuição de valor e/ou significado a um determinado objeto do meio, encontrando o horizonte para a compreensão e possível interpretação do ser.[104] Assim, Streck[105] aponta que

"[...] é preciso ter claro que a compreensão anteceda a qualquer interpretação, o que significa dizer, com todas as letras, que não é a interpretação que conduz a alguma coisa, mas, antes, é a compreensão que atua como condição de possibilidade desse ato interpretativo que funciona como uma elaboração (explicitação) do que (já) foi compreendido".

Nesse sentido, deve-se dizer que "não somos nós que indicamos as coisas; são as coisas que se nos revelam".[106] O Homem é um ente que possui uma autocompreensão. Dessa maneira, a própria configuração das coisas do meio

---

[101] ALMEIDA, Custódio Luís Silva de, FLICKINGER, Hans-Georg, ROHDEN, Luiz. *Hermenêutica filosófica:* nas trilhas de Hans-Georg Gadamer. Porto Alegre: EDIPUCRS, 2000, p. 122.
[102] STRECK, Lenio Luiz. *Hermenêutica Jurídica (e)m Crise*: uma exploração hermenêutica do Direito. Porto Alegre: Livraria do Advogado, 1999, p. 171.
[103] Termo cuja tradução aceita é "ser-ai" Cfr. Idem, p. 170.
[104] HEIDEGGER, Martin. *Ser e Tempo*. 3.ed. Petrópolis: Vozes, 1993, p. 70.
[105] STRECK, Lenio Luiz. Hermenêutica (jurídica): comprendemos porque interpretamos ou interpretamos porque comprendemos? Uma resposta a partir do *Ontological Turn*. In: *Anuário do Programa de Pós-Graduação em Direito* /2003 – UNISINOS. São Leopoldo, 2003, p. 228.
[106] PALMER, Ricardo E. *Hermenêutica*. Trad. Maria Luísa Ribeiro Ferreira. Edições 70: Lisboa. 1999, p. 133.

partem do homem em sua faticidade.¹⁰⁷ Toda a interpretação fica restrita aos horizontes do Ser que propiciam uma atribuição de sentido¹⁰⁸ através da linguagem, com base na tradição de um ambiente social. São esses horizontes que determinam a área de abrangência das possíveis interpretações do ambiente trazido pela percepção do/ao Ser.

A linguagem desponta como elemento de ligação entre o meio e o observador, permitindo a troca de informações que serve para o processo de (re)construção do *Dasein* como forma de antecipação de sentido. Dessa forma, a linguagem "é abertura para o mundo; é, enfim, *condição de possibilidade*. Isto porque é pela linguagem e somente por ela que podemos ter mundo e chegar a esse mundo. Sem linguagem não há mundo, enquanto mundo".¹⁰⁹ Essa ação continua voltada para a cognoscência, partindo sempre de prévios conceitos, é direcionada à busca de definições cada vez mais especializadas. Dessa forma, "o ponto central de toda compreensão se refere à relação objetiva que existe entre o enunciado do texto e nossa própria compreensão do assunto".¹¹⁰ Assim, o intérprete deve sempre estar receptivo aos argumentos novos que se mostrarem plausíveis, evitando um fechamento hermético às mudanças do meio.

Outros elementos indissociáveis do processo de interpretação apresentado pela hermenêutica clássica são a historicidade e a tradição. Apesar de serem elementos de proximidade significativa, apresentam características de

---

¹⁰⁷ Cfr. SILVA FILHO, José Carlos Moreira da. *Hermenêutica Filosófica e Direito*: O Exemplo Privilegiado da Boa-Fé Objetiva no Direito Contratual. Rio de Janeiro: Lumen Juris, 2003, p. 171-172.

¹⁰⁸ Para Heidegger, "sentido é um existencial do *Dasein* e não uma propriedade "colada" sobre o ente ou colada através deste ou que paira não se sabe onde, em uma espécie de reino intermediário" apud STRECK, Lenio Luiz. Hermenêutica (jurídica): compreendemos porque interpretamos ou interpretamos porque compreendemos?Uma resposta a partir do *Ontological Turn*. In: *Anuário do Programa de Pós-Graduação em Direito* /2003 – UNISINOS. São Leopoldo, 2003, p. 247.

¹⁰⁹ STRECK, Lenio Luiz. *Hermenêutica Jurídica (e)m Crise*: uma exploração hermenêutica do Direito. Porto Alegre: Livraria do Advogado, 1999, p. 175.

¹¹⁰ GADAMER, Hans-Georg. *A Razão da Época da Ciência*. Rio de Janeiro: Tempo Brasileiro, 1983, p. 65.

distinção bem explícitas. A historicidade é caracterizada como o período em que o Ser interage com o mundo que o circunda através do *Dasein*. Assim, a historicidade é elevada a elemento essencial do processo hermenêutico-filosófico. Almeida afirma, nesse mesmo sentido, que

> "tomar a *historicidade* como princípio e referência e a *fenomenologia* como o caminho a ser percorrido para se obter a compreensão da coisa *mesma* que se quer interpretar, é a *tarefa primeira constante e última* da hermenêutica filosófica, imprescindível para que se evite a arbitrariedade e as limitações da ação do pensamento".[111]

Existe, assim, um prévio balizamento conceitual ao qual o ser está atrelado. Toda construção lingüística passa por uma construção histórica do inconsciente humano. O Ser está no meio, interage com esse meio e fica vinculado às possibilidades fáticas desse meio. Suas expectativas só podem ser enquanto fatos historicamente cognoscíveis. Para Almeida,

> "um projeto de interpretação nunca começa no vazio, mas já pertence a uma situação hermenêutica específica. Quem quer interpretar, já põe neste projeto várias possibilidades de conhecimento, porque já traz consigo determinadas perspectivas de mundo e uma prévia formação histórica".[112]

Já a tradição é a contínua – e compulsória – transmissão, através da linguagem, do legado de pré-compreensões que compõem o referido *Dasein*.[113] Assim, já que o intérprete não pode realizar uma introspecção no lugar do outro, para que haja uma *fusão de horizontes*, é necessário que se observem os pré-conceitos do outro, ou o período histórico do autor do texto, de forma que o intérprete

---

[111] ALMEIDA, Custódio Luís Silva de, FLICKINGER, Hans-Georg, ROHDEN, Luiz. *Hermenêutica filosófica*: nas trilhas de Hans-Georg Gadamer. Porto Alegre: EDIPUCRS, 2000, p. 61-62.

[112] Idem, p. 62.

[113] STRECK, Lenio Luiz. *Hermenêutica Jurídica (e)m Crise*: uma exploração hermenêutica do Direito. Porto Alegre: Livraria do Advogado, 1999, p. 180.

consiga diminuir a distância de prismas.[114] Nesse caso, é para que essa diminuição de paradigmas subjetivos do conhecer se efetive que "construímos permanentemente uma perspectiva geral quando falamos uma linguagem comum e, desta maneira, participamos na comunidade de nossa experiência do mundo".[115]

No entanto, o processo de interpretação que visa à obtenção do conhecimento não está livre dos interesses do intérprete. Ao interpretar determinado signo, transfere-se a ele as motivações pessoais aos possíveis resultados que interessam particularmente. De tal modo, a "tarefa de compreensão não consiste unicamente em esclarecer, até nos mais íntimos fundamentos de nosso inconsciente – que é o que motiva nossos interesses –, mas sobretudo compreender e interpretar na direção e nos limites que são estabelecidos pelo nosso interesse hermenêutico".[116]

O problema do sistema positivista reside na tentativa de buscar "o sentido da norma" através de uma análise do texto legal. Essa busca pelo processo de subsunção, deduz de uma norma "geral" – como se existisse uma norma de caráter geral – mediante uma análise semântico-interpretativa, aplicável aos fatos da vida, um arcabouço de conseqüências. Uma estrutura jurídica, calcada em um sistema de vinculação ser-ente,

> "não consegue, assim, alcançar o patamar do *ontological turn* (viragem ontológica), no interior da qual a linguagem, de terceira coisa, de mero instrumento e veículo de conceitos, *passa a ser condição de possibilidade*. Permanecem, desse modo, prisioneiros da relação sujeito-objeto (problema transcendental), refratária à relação sujeito-sujeito (problema hermenêutico). Sua preocupação é de ordem metodológica e não ontológica (no sentido do *ontological turn*)".[117]

---

[114] STRECK, Lenio Luiz. *Hermenêutica Jurídica (e)m Crise*: uma exploração hermenêutica do Direito. Porto Alegre: Livraria do Advogado, 1999, p. 182.

[115] GADAMER, Hans-Georg. A Razão da Época da Ciência. Rio de Janeiro: Tempo Brasileiro, 1983, p. 75.

[116] Idem, p.74

[117] STRECK, Lenio Luiz. Hermenêutica (jurídica). Op. cit., p. 226-227.

O processo de interpretação dos textos jurídicos não pode ter como sustentáculo o ideário que afirma ser a subsunção a estratificação de conteúdo da norma. Essa "interpretação" sempre estará eivada das pré-compreensões da tradição e não transmitirá a essência da norma. Assim sendo, diferentemente da proposição apresentada pela hermenêutica clássica hartniana, a hermenêutica filosófica eleva sua aplicação para todo o conhecimento e evidencia a natural vinculação do intérprete aos seus préconceitos estruturados através da tradição. Demonstra, também, que não é possível atribuir sentido à norma (objeto) uma vez que esse sentido faz parte da tradição que possibilita a (pré)compreensão: característica de ser-no-mundo do intérprete.[118] Dessa forma, como finaliza Gadamer.[119]

"é a linguagem o verdadeiro centro do ser humano, quando se a vê apenas naquele domínio que só ela preenche, o domínio do estar com o outro, o domínio da compreensão, tão imprescindível à vida humana como o ar que respiramos. O homem é realmente, como disse Aristóteles, o ser dotado de linguagem. Por isso, tudo o que é humano, nós devemos deixar que se nos seja dito".

Resta, assim, demonstrado que o Ser, enquanto Ser no mundo é linguagem. É a linguagem que o diferencia dos demais elementos do meio – sejam animados ou inanimados. A hermenêutica filosófica gadameriana desempenha um preponderante papel no processo de elucidar essa significação da linguagem[120] para o Ser.

---

[118] Cfr. STRECK, Lenio Luiz. Hermenêutica (jurídica): comprendemos porque interpretamos ou interpretamos porque comprendemos?Uma resposta a partir do *Ontological Turn*. In: *Anuário do Programa de Pós-Graduação em Direito* /2003 – UNISINOS. São Leopoldo: 2003, p. 268.

[119] GADAMER Hans-Georg. apud ALMEIDA, Custódio Luís Silva de, FLICKINGER, Hans-Georg, ROHDEN, Luiz. *Hermenêutica filosófica*: nas trilhas de Hans-Georg Gadamer. Porto Alegre: EDIPUCRS, 2000, p. 127.

[120] Gadamer vê na *linguagem* a substancialidade de onde rebenta toda experiência, por isso ela não deve ser entendida simplesmente como um instrumento de que alguém faz uso para comunicar algo, mas sim como "meio (*Medium*) universal no qual se realiza a compreensão mesma". Isto é, como "linguagem da razão mesma". Porque qualquer experiência acontece no interior de uma tradição, nenhuma pode dominar plenamente a tradição que a tornou possível. A *tradição*

1.2.4. A hermenêutica como linguagem

A hermenêutica filosófica apresenta-se como uma nova visão tanto do processo de comunicação como de relacionamento entre ser-objeto. Nesse sentido, passa a ser aplicada a todas as áreas do conhecimento – que se valem da linguagem para expor os resultados de suas perquirições – tornando-se uma construção epistemológica. "Temos de ter presente, em primeiro lugar, de a expressão 'hermenêutica filosófica' referir-se basicamente a uma experiência ontológica que, enquanto experiência, dá-se *antes* de toda a atividade reflexionante".[121] Sua função é de "catequizar" o Ser sob a égide de sua indispensável vinculação com o meio e a linguagem, quebrando a noção de conceito, "o *pensum* propriamente dito da 'hermenêutica filosófica' seria aquele de denunciar e desvelar a falsa soberania do conceito".[122] Nesse caso, deve-se observar que a linguagem não é uma ferramenta nas mãos do homem; esse é que está inserido na linguagem. O homem somente pode existir na linguagem, uma vez que ele nasce e é inserido num meio lingüístico. Para Alberti,

> "a linguagem como objeto é aquela que é estudada pela ciência da linguagem. Mas a linguagem do olhar hermenêutico é primeira e ontológica, independente do homem. Ela faz com que a coisa se mostre a si mesma. O que aparece através da linguagem não é algo humano, e sim o mundo, o Ser; a linguagem não é expressão do homem, e sim manifestação do Ser".[123]

é *linguagem*, e esta é um verdadeiro *tu* e, enquanto *tu*, serve de referência ao eu, mas fala por si mesma. O que marca o *tu* para a hermenêutica é sua irredutibilidade ao eu; assim, mesmo que, como um *tu*, a *tradição* e a *linguagem* sejam tomadas como um objeto, pois podem servir à análise da experiência hermenêutica, jamais serão meros objetos. Ninguém poderia projetar um olhar completamente exterior à *linguagem* ou à *tradição*, daí por que o ideal da *Ilustração* de superar os condicionamentos históricos é algo irrealizável. Cfr. ALMEIDA, Custódio Luís Silva de, FLICKINGER, Hans-Georg, ROHDEN, Luiz. *Hermenêutica filosófica*: nas trilhas de Hans-Georg Gadamer. Porto Alegre: EDIPUCRS, 2000. p 112.

[121] ALMEIDA, Custódio Luís Silva de, Op. cit., p. 28.

[122] Idem, p. 28.

[123] ALBERTI, Verena. A existência na história: relações e riscos da hermenêutica. *Revista de estudos históricos*. Rio de janeiro, n. 17, p. 1-23. 1996.

Assim, a hermenêutica filosófica rompe com a matriz hermenêutica clássica que define interpretação como adequação conceitual por gêneros para apresentar um postulado que visa à atribuição de sentido – entre suas várias possibilidades de significação – ao objeto observado. Dessa forma,

"a verdade da hermenêutica consiste, portanto, na redescoberta dessa tradição de pensamento, a qual confia mais na experiência da interpretação e no reconhecimento do estranho, do outro enquanto tal, do que na subsunção da realidade vivida às delimitações impostas pela lógica conceitual".[124]

A linguagem é o meio em que o ser humano encontra suas comunicações. Como meio, permite, através da fusão de horizontes realizada entre os seus diversos integrantes, a criação de expectativas compartidas. Verifica-se que "a linguagem é o meio por excelência através do qual a fusão de horizontes se torna possível, porque tanto o intérprete quanto o texto a ela pertencem".[125] Assim, ao reconstruir um sentido através do embate de observações propiciadas pela dialética, não se esgotam os argumentos, mas sim, os possíveis sentidos da coisa para um determinado momento. Encerra-se o discurso entre os debatedores, não o discurso sobre a coisa,

"[...] um ponto final, a que chega um diálogo, manifesta o *verdadeiro sentido* de uma coisa, sem esgotar-lhe outras possibilidades. Desse modo, o 'ponto final' deve ser atribuído ao discurso, mas, em relação à *coisa mesma*, ele é um *ponto médio*, isto é, um *médium* ou *aproximação* possível".[126]

Toda interpretação realizada pelo/sobre o Ser é um contínuo processo de reconstrução significativa, ao mesmo

---

[124] ALMEIDA, Custódio Luís Silva de, FLICKINGER, Hans-Georg, ROHDEN, Luiz. *Hermenêutica filosófica*: nas trilhas de Hans-Georg Gadamer. Porto Alegre: EDIPUCRS, 2000, p. 30.
[125] ALBERTI, Verena. A existência na história: relações e riscos da hermenêutica. *Revista de estudos históricos*. Rio de janeiro, n. 17, p. 01-23. 1996.
[126] ALMEIDA, Custódio Luís Silva de, Op. cit., p. 66.

tempo, aberta e fechada. Aberta às irritações do meio que influenciam a mutação do sentido atribuído ao objeto em determinado momento. Fechada pela necessária limitação – ou balizamento – que exclui sentidos que fogem à adequação determinada pela tradição à qual o intérprete está vinculado. Essa (auto-)observação não pode ser determinada. O homem pertence a ela e é diuturnamente pensado sob sua égide. "Ser que pode ser compreendido é marcado pela temporalidade e possui o caráter de abertura a infindáveis possibilidades; historicidade do pensar e do pensado impossibilita a síntese absoluta".[127]

1.3. A crise das matrizes jurídicas

O Direito passa por uma crise que está diretamente vinculada com a crise estrutural da sociedade. A sociedade está em constante mutação devido ao acirramento das relações/trocas propiciadas pela globalização. Em assim sendo, "[...] a crise do Direito não é somente uma deficiência de sua estrutura tradicional, mas uma crise da integração de seus pressupostos dogmáticos para funcionarem dentro da globalização".[128]

O positivismo apresenta-se como uma matriz que fecha o sistema jurídico às mutações sociais. Em uma conjuntura onde os meios de comunicação ampliam a complexidade social por apresentarem novas possibilidades/realidades diuturnamente, o Direito não pode destoar desse processo, ou será considerado uma forma de controle social obsoleta. Nesse sentido, não se pode estabilizar uma sociedade com um sistema estático de normas cuja estrutura busca verificar apenas a validade normativa

---

[127] ALMEIDA, Custódio Luís Silva de, FLICKINGER, Hans-Georg, ROHDEN, Luiz. *Hermenêutica filosófica*: nas trilhas de Hans-Georg Gadamer.. Porto Alegre: EDIPUCRS, 2000, p. 78.
[128] ROCHA, Leonel Severo; SCHWARTZ, Germano; CLAM, Jean. *Introdução à teoria do sistema autopoiético do Direito*. Porto Alegre: Livraria do Advogado. 2005, p.15.

pressuposta de uma norma metafísica. Deve-se, portanto, atentar para uma necessária distinção entre o instrumento de controle (norma) com o seu fundamento.

Nessa mesma seara histórica, pode-se afirmar que o advento da hermenêutica contribuiu para a ampliação da adequação do Direito à realidade social existente. No entanto, ao abrir o Direito à influência da subjetividade do julgador, a hermenêutica propiciou um retrocesso na manutenção das expectativas de uma segurança jurídica socialmente efetiva. Outra crítica é tecida por Rocha acerca do postulado hermenêutico. Para ele:

"A hermenêutica é um avanço da crítica jurídica porque aprofunda a questão da interpretação normativa, dando uma função muito importante aos juízes, advogados, e aos operadores do Direito em geral. Isto quer dizer que a hermenêutica fornece ideologicamente muito mais poder de ação. Entretanto, a hermenêutica jurídica também possui lacunas teóricas. A hermenêutica jurídica abre um importante ponto de preferência para análise da sociedade, para a compreensão do Direito. Mas ela não explica suficientemente o que seja sociedade".[129]

Em assim sendo, ambas as matrizes observadas são dependentes de uma estrutura de poder embasada no Estado. O positivismo depende de uma estrutura de Estado que lhe sirva de suporte para a aplicação de dogmas fatidicamente inexigíveis. Já a hermenêutica pode ser apresentada como um aprimoramento do positivismo no que diz respeito à lacuna da adequação do Direito às realidades sociais mutáveis. Por isso, resta de fácil subsunção que, em períodos em que a atuação do Estado é gradativamente limitada/suplantada, os postulados teóricos observados não apresentem a melhor solução para o Direito posto. Entre o sistema fechado do positivismo jurídico e o sistema aberto da hermenêutica, não há um processo de

---

[129] ROCHA, Leonel Severo; SCHWARTZ, Germano; CLAM, Jean. *Introdução à teoria do sistema autopoiético do Direito*. Porto Alegre: Livraria do Advogado. 2005, p. 26.

alternância, mas sim de constante evolução paradigmática. Dessa forma, ao se observar o processo de evolução da epistemologia moderna no capítulo seguinte, é que verá a apresentação da hipótese sistêmico-autopoiética como melhor recurso para a apreciação do direitos fundamentais em tempos de alta complexidade.

2. Proposta de uma reconstrução epistemológica

> "O homem é esse animal louco
> cuja loucura inventou a razão"
> *Castoriadis*

O objetivo do presente capítulo é apresentar as dificuldades encontradas no processo de construção do conhecimento jurídico que dá base para os Direitos Fundamentais. Com esse intuito, busca-se observar que a própria epistemologia passa por mudanças no que se refere a seus paradigmas clássicos. Todo conhecimento é mutável assim como é a sociedade. Nesse mesmo diapasão, para que a ciência jurídica possa desempenhar sua função de construir as bases para o Direito, é imprescindível apresentar uma nova postura epistemológica que acompanhe as dificuldades de fundamentação do conhecimento hodierno. Assim, ciência jurídica também passa por mudanças em decorrência de uma dinâmica social de alta velocidade e complexidade elevada.

Para que se observe o Direito, faz-se necessário estabelecer um acordo epistemológico sobre os padrões científicos que serão compartidos. Deve-se, igualmente, delimitar o estágio do conhecimento que se verifica para que não ocorra a total falta de coordenação por parte dos operadores do Direito. Dessa forma, verificar-se-á o processo de evolução e/ou mutação nos parâmetros científicos modernos para, ao final deste capítulo, apresentar a proposta que melhor se adapte ao hodierno conhecimento jurídico.

Buscar um fundamento último para o conhecimento científico constitui o desejo que – por mais que seja negado – permeia todo cientista no seu ofício de "construção" do conhecimento. No entanto, essa busca leva à frustração que assola a todos que laboram com a ciência: a limitação do observador perante o processo infindável de busca das certezas inatingíveis. O homem, único, entre os seres, dotado do *logus* aristotélico busca, por natureza, explicações para os eternos questionamentos que assolam sua existência orgânico-social. Quem somos? De onde viemos? Para onde vamos? Essas questões, por muito tempo, foram resolvidas pela adoção do paradoxo religioso como meio de suprir as lacunas ontológicas universais.

Todavia, a inquietação característica do ser humano com relação à sua existência, propiciou o surgimento da ciência como forma de explicar fatos anteriormente atrelados a fundamentos de ordem metafísica. Nesse caso, a ciência passou a substituir a mitologia na seara da fundamentação dos fatos da vida. Assim, a necessidade de explicar fatos, independentemente do observador, passou a ser a base da ciência moderna, uma vez que a distinção objeto-observador é substituída pela sua interdependência.

O determinismo científico, isto é, a busca incessante pelas certezas científicas, foi o ritmo imposto pelas pesquisas hodiernas, prega uma imparcialidade científica por parte do pesquisador naturalmente utópica. Essa impossibilidade fica marcada pelo fato de que a ciência sempre estará eivada das ambições e interesses dos cientistas que, apesar de declararem sua independência e objetividade, não conseguem desvincular sua parcialidade emocional do processo cognitivo.

Contudo, um novo sistema se impõe às impossibilidades de um conhecimento finito: o conhecimento auto-referencial. Nesse sentido, será observado, no primeiro subitem, o gradual processo de mutação epistemológica ocorrido nos paradigmas dominantes na comunidade científica. Já no segundo, será introduzido o postulado sistêmico-autopoiético como forma de reconstrução do conhecimento científico hodierno.

2.1. A (des)construção do conhecimento

Da impossibilidade da observação de uma sociedade sem ter-se em conta a liquidez de um meio social desterritorializante e instável faz indispensável uma nova abordagem acerca da construção do conhecimento. Essa postura não impede a continuidade do processo de desenvolvimento do conhecimento, mas apenas propicia a tomada de posições em um meio científico cada vez mais diferenciado. Nesse sentido, Campilongo[130] observa a multiplicidade dos paradigmas epistemológicos, ao afirmar que

> "a filosofia pretendeu o primado do fundamento, mas se preocupou em manter a possibilidade de abordar as aquisições da reflexão teórica contemporânea. Respira-se um clima de pluralismo que, não obstante o fechamento e a circularidade dos seus pressupostos filosóficos, não inibe totalmente as ciências empíricas, analíticas e hermenêuticas de tratar o direito, cada uma delas, conforme uma perspectiva particular".

Nesse capítulo, o objetivo proposto é demonstrar que a (des)construção do conhecimento científico em tempos de alta complexidade deve ser pautada por marcos confiáveis. Inicialmente, observar-se-á a teoria desenvolvida por Thomas Kuhn acerca dos marcos teóricos que dominam uma comunidade científica em determinado momento, sua mutação e abandono. Em um segundo momento, será objeto da presente análise a dinâmica temporal, suas características e conseqüências, bem como a impossibilidade científica de se atingir a certeza segundo o postulado de Ilya Pigogini; aludindo-se, por fim, às críticas tecidas por

---
[130] CAMPILONGO, Celso Fernandes. *O direito na sociedade complexa*. São Paulo: Max Limonad. 2000. p 180.

Karl Popper acerca do positivismo científico, sua hipótese de construção do conhecimento científico calcado na falseabilidade das teorias e sua postura pré-sistêmica.

2.1.1. Kuhn e a estrutura das revoluções científicas

Nesse ponto, será observada a teoria de Thomas Kuhn sobre as revoluções científicas e como o processo do conhecimento é estruturado. A abordagem de Kuhn é feita sob a ótica do desenvolvimento histórico das ciências. Seu ideário procura observar porque um determinado paradigma[131] passa a ser adotado como base para uma ciência. A epistemologia de Kuhn "[...] que, na verdade, é uma socio-psico-epistemologia, se escora em uma visão da história da ciência ou, melhor dizendo, da história das ciências".[132] Assim, a base para suas análises é verificar como ocorre a mudança de um paradigma científico para outro.

Nesse mesmo sentido, é de se ressaltar que Kuhn afirma que os paradigmas científicos possuem, na sua essência, duas características em comum: o ineditismo e a incompletude. De tal modo, todas as grandes construções teórico-científicas desenvolvidas por pesquisadores:

> "[...]partilhavam duas características essenciais. Suas realizações foram suficientemente sem precedentes para atrair um grupo duradouro de partidários, afas-

---

[131] Para Kuhn, paradigmas são "[...] as realizações científicas universalmente reconhecidas que, durante algum tempo, fornecem problemas e soluções modelares para uma comunidade de praticantes de uma ciência". Cfr. KUHN, Thomas S. A estrutura das revoluções científicas. 3. ed. São Paulo: Perspectiva. 1991, p. 13. Na concepção de MORIN, fica claro que "um paradigma comporta um certo número de relações lógicas, bem precisas, entre conceitos; noções básicas que governam todo o discurso". MORIN, Edgar. Epistemologia da complexidade. In SCHNITMAN, Dora Fried. (org.) *Novos paradigmas, cultura e subjetividade*.Porto Alegre: Artes Médicas, 1996, p. 287. Para CAPRA, "O paradigma que está agora retrocedendo dominou nossa cultura por várias centenas de ano, durante os quais modelou nossa moderna sociedade ocidental e influenciou significativamente o restante do mundo. Esse paradigma consiste em várias idéias e valores entrincheirados, entre os quais a visão do universo como um sistema mecânico composto de blocos de construção elementares[...]" CAPRA, Fritjof. *A teia da vida*. Trad, Newron Roberval Eichemberg. São Paulo: Cultrix. 1999, p. 25.

[132] BARROS, Roque Spencer Maciel de. *Razão e racionalidade*: ensaios de filosofia. São Paulo: T. A. Queiroz.1993, p. 27.

tando-os de outras formas de atividades científicas dissimilares. Simultaneamente, suas realizações eram suficientemente abertas para deixar toda a espécie de problemas para serem resolvidos pelo grupo redefinido de praticantes da ciência".[133]

Existe um processo natural de sucessão dos paradigmas que, através das revoluções científicas, determina qual deve ser o marco científico a ser adotado em determinado período histórico. Assim, "para ser aceita como paradigma, uma teoria deve parecer melhor que suas competidoras, mas não precisa [...] explicar todos os fatos com os quais pode ser confrontada".[134] Ao se adotar um novo paradigma, o paradigma substituído começa a, paulatinamente, desaparecer, e o novo, a sedimentar-se. De tal modo, quando um paradigma for esposado pelo grupo científico de determinada área, todas as construções dessa área utilizarão o mesmo marco em seus trabalhos.[135]

Todo paradigma científico que surge é o resultado de uma anomalia observada no paradigma anteriormente dominante. Essa anomalia é o resultado das constantes especializações e falseamentos tecidos sob o marco teórico adotado. Como o meio está em constante mutação, e o ser desenvolve/aperfeiçoa sistemas de observação do meio, novos fatos surgem e põem à prova o paradigma dominante, rompendo com a ordem existente.[136] Nesse caso, "a

---

[133] KUHN, Thomas S. *A estrutura das revoluções científicas*. 3. ed. São Paulo: Perspectiva. 1991, p. 30.

[134] Idem, p. 38.

[135] Dessa forma, "Quando um cientista pode considerar um paradigma como certo, não tem necessidades, nos seus trabalhos mais importantes, de tentar construir seu campo de estudos começando pelos primeiros princípios e justificando o uso de cada conceito introduzido. Isso pode ser deixado para os autores de manuais. Mas, dado o manual, o cientista criador pode começar suas (sic) pesquisas onde o manual a interrompe e desse modo concentrar-se exclusivamente nos aspectos mais sutis e esotéricos dos fenômenos naturais que preocupam o grupo" KUHN, Thomas S. *A estrutura das revoluções científicas*. 3. ed. São Paulo: Perspectiva, 1991, p. 40.

[136] Para Telles Junior "A desordem também parece existir: o comportamento desregrado, a prática do mal, a injustiça, o sofrimento, a dor são fatos reais, e fatos contrários ao que consideramos ordem". TELLES JÚNIOR, Godofredo. *O direito quântico*: ensaios sobre o fundamento da ordem jurídica. 7 ed. São Paulo: Juarez Oliveira, 2003, p.183.

mitologia da ordem não está só na idéia reacionária em que toda inovação, toda novidade significa degradação, perigo, morte; está também na utopia de uma sociedade transparente, sem conflito e sem desordem".[137] Assim, quando um paradigma não conseguir mais responder às demandas do meio, iniciado estará o processo de mudança paradigmática. Abre-se, dessa forma, campo para o surgimento/descoberta de novos paradigmas. "A descoberta começa com a consciência da anomalia, isto é, com o reconhecimento de que, de alguma maneira, a natureza violou as expectativas paradigmáticas que governam a ciência normal".[138]

O surgimento das anomalias está diretamente vinculado à precisão do paradigma, assim como o seu alcance. "A anomalia aparece somente contra o pano de fundo proporcionado pelo paradigma. Quanto maiores forem a precisão e o alcance de um paradigma, tanto mais sensível esse será como indicador de anomalias e, conseqüentemente, de uma ocasião para a mudança de paradigma".[139] A aceitação do novo paradigma vai possibilitar a explicação de fenômenos que não encontravam guarida no paradigma anterior e o emprego de outros instrumentos,[140] uma vez que "o fracasso das regras existentes é o prelúdio para uma busca de novas regras".[141]

Ao escolher entre um paradigma ou outro, a comunidade científica deve sopesar qual deles será o mais adequado às questões não sanadas pelo paradigma anterior. Essa escolha não está restrita à comparação dos enuncia-

---

[137] MORIN, Edgar. *Ciência com consciência*. Rio de Janeiro: Bertrand Brasil, 1996, p. 206.
[138] KUHN, Thomas S. *A estrutura das revoluções científicas*. 3º ed. São Paulo: Perspectiva. 1991, p. 78.
[139] Idem, p. 92.
[140] "Enquanto os instrumentos proporcionados por um paradigma continuam capazes de resolver os problemas que esta define, a ciência move-se com maior rapidez e aprofunda-se ainda mais através da utilização confiante desses instrumentos. A razão é clara. Na manufatura, como na ciência – a produção de novos instrumentos é uma extravagância reservada para as ocasiões que o exigem. O significado das crises consiste exatamente no fato de que indicam que é chegada a ocasião para renovar os instrumentos". KUHN, Thomas S. Op. cit., p. 105.
[141] Idem, p. 95.

dos da teoria com o meio, mas, do mesmo modo, dos seus enunciados frente às demais propostas teóricas. Nesse sentido,

> "[...] uma teoria científica, apos ter atingido o seu *status* de paradigma, somente é considerada inválida quando existe uma alternativa disponível para substitui-la. [...] Decidir rejeitar um paradigma é sempre decidir simultaneamente aceitar outro e o juízo que conduz a essa decisão envolve a compreensão de ambos os paradigmas com a natureza, *bem como* sua comparação mútua".[142]

Assim sendo, toda pesquisa fica obrigatoriamente vinculada a um paradigma. Não se pode construir conhecimento científico sem ter por base um paradigma que sirva de marco inicial. No entanto, esse mesmo paradigma não será capaz de apresentar soluções a todos os problemas que surgirão em determinada área do conhecimento, muito menos refutar todas as anomalias surgidas.[143] Dessa forma, toda mutação paradigmática não é a simples alteração da base teórica de alguns enunciados, mas sim, "uma reconstrução da área de estudos a partir de novos princípios".[144] Assim, quando se altera o paradigma dominante de uma determinada área da ciência, pode-se afirmar que ocorreu uma revolução científica.[145] Muda-se a percepção que se tem de um mesmo mundo.

Após a revolução cientifica, deve-se verificar o que sobrou do paradigma anterior para saber quais desses elementos ainda são aceitáveis pelo novo paradigma. A aplicação dos elementos, dos métodos ou do vocabulário do paradigma substituído não pode ser forçada, uma vez que ela deve seguir a ordem das necessidades do novo

---

[142] KUHN, Thomas S. *A estrutura das revoluções científicas*. 3. ed. São Paulo: Perspectiva. 1991, p. 108.
[143] Idem, p. 113.
[144] Idem, p. 116.
[145] Para Kuhn, revoluções científicas são "aqueles episódios de desenvolvimento não-cumulativo, nos quais um paradigma mais antigo é total ou parcialmente substituído por um novo, incompatível com o anterior". Cfr. KUHN, Thomas S. Op. cit., p. 125.

paradigma. Kuhn defende que os novos candidatos a paradigma devem ser aceitos pelos cientistas que levarão em conta dois requisitos:

"em primeiro lugar, o novo candidato deve parecer capaz de solucionar algum problema extraordinário, reconhecido como tal pela comunidade e que não possa ser analisado de nenhuma outra maneira. Em segundo, o novo paradigma deve garantir a preservação de uma parte relativamente grande da capacidade objetiva de resolver problemas, conquistada pela ciência com o auxílio dos paradigmas anteriores".[146]

A construção do conhecimento é, como se nota, embasada no que se conhece, e não no que se quer conhecer. Esse é o problema da teoria do conhecimento como se observa, não se olvidando que todo conhecimento está ligado à natureza que cerca/detém[147] o indivíduo. Sempre se está vinculado ao que anteriormente fora tido como "verdade", não se preocupando com os fins que se desejam atingir. Será que o sentido do conhecimento está invertido? Ao invés de construir, deve-se desconstruir o conhecimento?

2.1.2. O tempo e o fim das certezas

O conhecimento sempre esteve vinculado ao desvelamento da verdade contida em determinado objeto de análise. Esse conhecimento determinista foi duramente atacado pela ciência hodierna que apresenta possibilidades, e não certezas como foco principal de suas pesquisas. A instabilidade se sobrepõe à estática do conhecimento dedutivo de determinado objeto. O caos e a incerteza são elementos que indiscutivelmente cercam o pesquisador e

---

[146] KUHN, Thomas S. *A estrutura das revoluções científicas*. 3. ed. São Paulo: Perspectiva. 1991, p. 212.
[147] "em geral uma teoria científica é considerada superior a suas predecessoras não apenas porque é um instrumento mais adequado para descobrir e resolver quebra-cabeças, mas também porque, de algum modo apresenta uma visão mais exata do que é realmente a natureza". Cfr. KUHN, Thomas S. Op. cit., p. 253.

não deixam espaço para conclusões.[148] Dessa falta de base empírica para o conhecimento hodierno, segundo o paradigma determinista do conhecimento, é que se deve questionar a busca da verdade nos fatos que interagem com o homem no mundo da vida. Para Prigogine,

"[...] temos que revisar nosso conceito de leis da natureza para incluir a probabilidade e a irreversibilidade. Nesse sentido, certamente estamos chegando ao final da ciência convencional, mas também nos achamos num momento privilegiado: o momento em que surge uma nova perspectiva da natureza".[149]

O conhecimento não pode estar vinculado a uma teoria científica determinista, uma vez que a natureza é mutável e, dessa forma, o homem também o é. Nesse sentido, "a submissão da natureza a leis deterministas aproximava, assim, o conhecimento humano do ponto de vista divino atemporal".[150]

A proposta tecida pelo segundo princípio da termodinâmica deixa claro que o tempo é irreversível. Dessa forma, a entropia[151] possibilita a derrubada das certezas buscadas pelas ciências deterministas e a introdução da previsibilidade no meio epistemológico. "O que parecia ser resíduo não científico das ciências humanas, a incerteza, a desordem, a contradição, a pluralidade, a complicação,

---

[148] "O mundo surge como uma notável combinação de 'ordem' e 'desordem'. Como vimos, isso é característico da termodinâmica e é finalmente a expressão da instabilidade, do caos inerente às leis básicas da natureza. Sem instabilidade, teríamos um mundo uniforme de movimentos estáveis de tipo 'planetário'. Careceríamos de encantador espetáculo que nos oferece a extraordinária variedade da natureza. Mais ainda, podemos ir além e examinar a partir de um novo ponto de vista um problema básico da teoria quântica e da cosmologia". PIGOGINI, Ilya. Dos relógios às nuvens. In SCHNITMAN, Dora Fried. (org.) *Novos paradigmas, cultura e subjetividade.*Porto Alegre: Artes Médicas, 1996, p. 263.

[149] PRIGOGINE, Ilya. O fim da ciência. In SCHNITMAN, Dora Fried. (org.) *Novos paradigmas, cultura e subjetividade.*Porto Alegre: Artes Médicas, 1996, p. 27.

[150] PRIGOGINI, Ilya. *O fim das certezas:* tempo, caos e as leis da natureza. São Paulo: Editora da Universidade Estadual Paulista, 1996, p. 20.

[151] "A distinção entre processo reversíveis e irreversíveis é introduzida na termodinâmica pelo conceito de entropia, que Clauusius associa, já em 1865, ao "segundo princípio da termodinâmica [...] a entropia do universo cresce na direção de um máximo" Cfr. PRIGOGINI, Ilya. *O fim das certezas*: tempo, caos e as leis da natureza. São Paulo: Editora da Universidade Estadual Paulista, 1996, p. 25.

etc., faz parte de uma problemática geral do conhecimento científico",[152] impossibilitando a determinação no meio científico e a dedução do conhecimento a partir de adoção de alguma teoria. Assim, "o caos determinista ensina-nos que ele só poderia predizer o futuro se conhecesse o mundo com uma precisão infinita".[153]

Essa precisão não pode ser observada a partir do aparelho sensorial do indivíduo nem tampouco de métodos/sistemas de observação que auxiliem esse indivíduo em suas pesquisas, mas sim, através de uma flecha do tempo compartida, já que "a condição necessária para nossa comunicação com o mundo físico, bem como para nossas comunicações com os outros humanos, é uma flecha comum do tempo, uma definição em comum da distinção entre passado e futuro".[154]

O tempo tem uma necessária ligação com o processo cognitivo verificado nos seres humanos, seja pela inicial construção mitológica[155] em torno de sua existência, seja pela necessidade de um passado como marco referencial do conhecimento. Entre os seres/elementos da natureza, é o homem – ao menos é o que os métodos de observação atuais permitem afirmar – o único a ter consciência de sua finitude e de um tempo entrópico. Para Piettre,[156] "ter consciência do tempo é, talvez, antes de tudo, estabelecer marcas: marcas entre os dias e as noites, entre as manhãs e as tardes, entre as semanas, as estações,

---

[152] MORIN, Edgar. *Ciência com consciência.* Rio de Janeiro: Bertrand Brasil, 1996, p. 177.

[153] PRIGOGINI, Ilya. *O fim das certezas*: tempo, caos e as leis da natureza. São Paulo: Editora da Universidade Estadual Paulista, 1996, p. 40.

[154] Idem, p. 56.

[155] Referência à lenda de Cronos, Deus da mitologia grega cujo nome significa "o tempo". Filho de Urano, o Céu, e Gaia ou Gea, a terra, casada com Rhea ou Réia. Ocupou o trono do pai, mas Gaia profetizou que Cronos seria destronado por um filho; assim, ele devorava os filhos logo que nasciam. Mas quando nasceu Zeus, Rhea deu a Cronos uma pedra envolta em cueiros. O menino cresce numa caverna da ilha Creta, amamentado pela cabra Amaltéia. Em um ano, tornou-se o mais forte dos deuses e destronou o pai, ocupando o seu lugar. Cfr. ENCICLOPÉDIA Larrousse Cultural. Nova Cultural. 1999. [S.l.] p. 1709.

[156] PIETTRE, Bernard, *Filosofia e ciência do tempo.* Tradução Maria Antonia Pires de Carvalho Figueiredo. Bauru, SP: Edusc, 1997.

os anos". Essas marcas são o balizamento subjetivo de um tempo contínuo.

Para Aristóteles, o tempo está diretamente ligado ao movimento, isto é, somente o homem, por ser dotado de consciência, pode presumir a existência do tempo, de vez que a consciência lhe permite notar as mudanças causadas pelo movimento e pela mensura. Nesse sentido, "[...] quando nosso pensamento não sofreu mudança nenhuma ou quando a mudança nos escapa, não nos parece que o tempo tenha passado".[157] Resta límpido que a necessária vinculação entre a percepção e a consciência é o elemento que traz para o indivíduo a ciência[158] do tempo.

Já Plotino afirma que não se pode confundir o tempo com a medida de movimento que se observa. Isso ocorre em virtude de movimentos que não são observados – quer pela impossibilidade de sua observação, quer pela inexistência de instrumental para tal – e, nem por isso deixam de ser movimentos. Assim, é a diferença entre as grandezas de tempo da realização do movimento que é mensurada, e não o movimento em si, já que "não é necessário que se meça para que exista; tudo tem a sua duração, mesmo que essa duração não seja medida".[159]

Quanto à tomada do movimento como elemento essencial à definição do tempo, restam as ressalvas proferidas por Santo Agostinho, em suas observações, sobre a verdade do tempo. Para ele, não existem os tempos passado, presente e futuro, mas sim, "o presente do passado, o presente do presente, o presente do futuro. Pois esses três tempos existem no nosso espírito, e não os vejo absolutamente em outro lugar. O presente do passado é a memória; o presente do presente é a atenção; o presente do futuro, a espera".[160]

---

[157] ARISTÓTELES, *Física*, IV, 11, 218 b.
[158] Termo utilizado no sentido de ter conhecimento.
[159] PLOTINO, *Enéadas*, III, 7, S 9, 80. *Apud* PIETTRE, Bernard, *Filosofia e ciência do tempo*. Tradução Maria Antonia Pires de Carvalho Figueiredo. Bauru, SP: Edusc, 1997.
[160] AGOSTINHO, Santo, Apud PIETTRE, Bernard, *Filosofia e ciência do tempo*. Tradução Maria Antonia Pires de Carvalho Figueiredo. Bauru, SP: Edusc, 1997.

Nesse ponto, tem-se que atentar para um linha paralela existente entre Aristóteles e Santo Agostinho. Ambos atribuem ao presente uma característica de percepção. Dessa forma, o presente existe no seres humanos como o *sentir o/no mundo*. O homem só tem consciência do presente quando interage com o meio que o circunda. São os sentidos que possibilitam sentir o meio. Assim, tanto os movimentos aristotélicos quanto a atenção agostiniana respaldam a existência de um tempo presente, porém subjetivo. Para Arendt,

"do ponto de vista do homem, que vive sempre no intervalo entre o passado e o futuro, o tempo não é um contínuo, um fluxo de ininterrupta sucessão; é partido ao meio, no ponto onde 'ele' está; e a posição 'dele' não é o presente, na sua acepção usual, mas, antes, uma lacuna no tempo, cuja existência é conservada graças à 'sua' luta constante, à 'sua' tomada de posição contra o passado e o futuro".[161]

Bergson, com relação ao presente, afirma que "[...] o presente existe apenas na consciência, mas este comporte [sic] uma certa *largueza*, ele está grávido de um futuro próximo e de um passado recente".[162] Nesse diapasão, pode-se afirmar que o presente existe como ponto diferencial entre o passado e o futuro. Esse é incerto e expectável; aquele, é certo e mutável apenas na reconstrução dos fatos assimilados pela memória. Independentemente dessa nova postura acerca da existência do presente, deve-se afirmar que, mesmo assim, esse presente não é estático como a imagem de uma fotografia, mas sim apenas a constante percepção de mutações no meio. Dessa maneira, não é aceitável qualquer afirmação que esteja atrelada à estática temporal.

A memória representa o marco para a construção do futuro, somente o que se conhece pode ser expectável. Nessa mesma seara, pode-se apregoar que o futuro é cons-

---

[161] ARENDT, Hannah. *Entre o passado e o futuro*. 5. ed. São Paulo:Perspectiva, 2005, p. 37.
[162] BERGSON apud PIETTRE, Bernard, *Filosofia e ciência do tempo*, p. 44.

truído com base nas expectativas criadas no passado juntamente com as percepções do presente. Mesmo quando em determinados períodos,[163] em que a noção de tempo se confunde com a presentificação das expectativas, existe a clara noção da importância do passado para a criação do futuro.[164]

A diminuição dos espaços temporais existentes entre as mudanças do meio, bem como as revoluções científicas, aumentam o risco de uma sociedade, provocando uma consciência do indeterminismo temporal e a imperiosidade do caos. "Mas há que pensar que também a idéia de desordem tem o pólo subjetivo, que é o da impredictabilidade ou da relativa indeterminabilidade. A desordem, para o espírito, traduz-se pela incerteza".[165] Essa desordem é necessária para observar o meio em processo de evolução. Nesse sentido, o tempo mostra nossas incertezas e deixa nossas expectativas vulneráveis ao acaso. O Direito assume, assim, uma postura central frente ao tempo. Para Luhmann,

> "a relação entre o direito e o tempo já se insinua na normatividade enquanto transposição temporal, e até mesmo já no caráter do direito enquanto estrutura de expectativas – mas apenas se insinua, permanecendo inicialmente impenetrável. A expectativa contém um horizonte futuro da vida consciente, significa antecipar-se ao futuro e transcender-se além daquilo que poderia ocorrer inesperadamente. A normatividade reforça essa indiferença contra eventos imprevisíveis,

---

[163] "[...] no processo de estabelecimento da sociedade industrial, impõe-se, no conjunto, a conformação de uma nova estrutura disciplinar que consiga transformar o tempo dos homens, em tempo de trabalho, seja como produção propriamente dita, seja como recuperação das forças para uma nova jornada". Cfr. MORAIS, *A subjetividade do tempo*: uma perspectiva transdisciplinar do Direito e da Democracia, p. 28.

[164] Cfr. MATURANA, Humberto R. VARELA, Francisco J. *A árvore do conhecimento*: as bases biológicas da compreensão humana. São Paulo: Palas Athena, 2001, p. 138 "Com ou sem sistema nervoso, o ser vivo funciona sempre em seu presente estrutural. O passado, como referência de interações já ocorridas, e o futuro como referência a interações a ocorrer, são dimensões valiosas para que, como observadores nos comuniquemos mutuamente".

[165] MORIN, Edgar. *Ciência com consciência*. Rio de Janeiro: Bertrand Brasil, 1996, p. 200.

busca essa indiferença tentando assim desvendar o futuro. O que acontecerá no futuro torna-se a preocupação central do direito".[166]

O Direito, assim como todo sistema, fica atrelado à irreversibilidade temporal, e seus elementos são continuamente mutáveis assim como todos os elementos do meio. A irreversibilidade temporal provocada pela entropia é uma máxima que impõe ao sistema jurídico sua limitação expectável. O direito – assim como o futuro – não é mais dado, mas sim construído, fugindo do determinismo e adotando a previsibilidade como elemento maior de todos os sistemas dinâmicos. As leis da natureza adotam um novo significado: "não tratam mais de certezas morais, mas sim de possibilidades".[167] Isso ocorre devido à instabilidade geradora da entropia – característica dos sistemas dinâmicos e do próprio surgimento da vida.

A ciência é um eterno diálogo com a natureza. Uma busca constante do aferir os mais diversos pontos de percepção do mundo extracorpóreo. A necessária observação do ambiente que cerca o homem – e lhe oferece as informações/comunicações que são selecionadas pelo eu-cognitivo – é uma forma de supressão *ad hoc* das naturais lacunas do conhecimento humano: os fundamentos últimos do ser. Dessa forma, as certezas e, por conseguinte, a própria segurança jurídica, foram refutadas enquanto elementos integrantes de um sistema dinâmico como o jurídico. Restam, pois as expectativas e as possibilidades.

2.1.3. A lógica científica de Popper

A hipótese popperiana abarca a possibilidade de criação das teorias científicas, sua estruturação lógica e sua vinculação com a realidade e com uma metateoria que lhe de validade. Segundo o pesquisador de Viena, existem três grandes núcleos de realidade, também chamados de mun-

---

[166] LUHMANN. Niklas *Sociologia do direito II*. Tradução de Gustavo Bayer. Rio de Janeiro: Tempo Brasileiro, 1985, p.166.
[167] PRIGOGINI, Ilya. *O fim das certezas*: tempo, caos e as leis da natureza. São Paulo: Editora da Universidade Estadual Paulista, 1996, p. 159.

dos: a realidade natural e tangível; as teorias sobre essas realidades e as proposições sobre essas teorias, também denominadas de metateorias. "O mundo um existe objetivamente, enquanto que os outros dois existem por convenção; o primeiro possui um correlato com sua própria existência física; os outros dois possuem, por assim dizer, existência mental".[168] Assim, para que uma teoria possa ser aceita, faz-se cogente que apresente um corpo de conhecimento científico logicamente organizado, epistemologicamente respaldada e passível de aferições empíricas.[169]

A ciência clássica tinha uma concepção de conhecimento científico como sendo aquele que se distingue da metafísica pela adoção do método indutivo como forma empírica de observar e/ou experimentar.[170] Popper critica essa postura que adota o método indutivo como ilação que conduz a enunciado universais com a repetição de enunciados singulares. Segundo seu pensamento, a construção do conhecimento científico não pode ficar atrelada à premissa de que, através de verificações particulares, constrói enunciados universalmente aplicáveis aos demais enunciados particulares que se enquadrarem no seu perfil. Para Popper,

> "[...]as pessoas que dizem que é com base na experiência que conhecemos a verdade de um enunciado universal querem normalmente dizer que a verdade desse enunciado universal pode, de uma forma ou de outra reduzir-se à verdade de enunciados singulares e que, por experiência, sabe-se serem esses verdadeiros. Equivale isso a dizer que o enunciado universal baseia-se em inferência indutiva. Assim, indagar se há leis naturais sabidamente verdadeiras é apenas outra forma de indagar se as inferências indutivas se justificam logicamente".[171]

---

[168] COLOM, Antoni J. *A (des)construção do conhecimento pedagógico*: novas perspectivas para a educação. Porto Alegre: Artmed, 2004, p. 17-18.
[169] Idem, p. 24.
[170] Cfr. POPPER, Karl R. *Conjecturas e refutações*. 2. ed. Trad. de Sergi Bath. Brasília, Editora Universidade de Brasília, 1982. p. 63.
[171] POPPER, Karl R. *A Lógica da Pesquisa Científica*. 11. ed. Trad. de Leonidas Hegenberg e Octanny Silveira Mota. São Paulo: Cultrix, 2004, p 28.

O conhecimento científico seria, segundo o modelo criticado por Popper, estático e imutável. Estático pelo fato de que se parte de inferências ou de fatos particulares para determinar uma regra geral, universalmente aplicável, não haveria espaço para interação entre elementos estranhos à dialética formada entre indução (criadores da regra geral) e dedução (aplicação da regra geral aos enunciados específicos). No que tange à imutabilidade, é de se observar que, em decorrência dessa aludida dialética, esse modelo de conhecimento não está aberto às inferências de elementos estranhos ao seu recorrente processo indutivo-dedutivo-indutivo.

É de se destacar que essa linha de raciocínio é limitada e logicamente incoerente, uma vez que a indução é tida como a observação de casos específicos que culmina na adoção de uma regra geral e dedutiva. A dedução, por sua vez, consiste na aplicação de regras gerais a casos específicos, sendo aplicada somente a casos que não participaram do processo indutivo de criação da regra geral. Logo, a aplicação da regra geral será, obrigatoriamente, sobre casos que não integraram sua construção.

Nesse sentido, os cientistas que seguem o modelo positivista clássico buscavam eliminar toda metafísica da seara científica, tornando a ciência o mais claro reflexo da realidade sensorial, cujo conhecimento era pautado pelos conceitos derivados de experiências. No entanto, o resultado maior dessa empreitada foi a aniquilação das pretensões da Ciência Natural[172] e a involuntária aceitação de uma postura científica, que é propensa à tão temida metafísica.[173]

Popper contrapõe o modelo positivista e apresenta uma nova hipótese que permitirá a ligação entre as áreas do conhecimento em um uma epistemologia compartida.

---

[172] Cfr. POPPER, Karl R. *A Lógica da Pesquisa Científica*. 11. ed. Trad. de Leonidas Hegenberg e Octanny Silveira Mota. São Paulo: Cultrix, 2004, p 35.
[173] Exemplo claro dessa assertiva é a adoção da Norma Hipotética Fundamental como elemento (metafísico) de fechar o sistema lógico-dedutivo do ordenamento jurídico kelseniano.

Nesse caso, note-se que ocorre uma explicitação da necessidade da integração metodológica, bem como a visualização do primeiro passo para a gênese da teoria dos sistemas no âmbito das metateorias. Segundo Colom,
"Popper acredita, por princípio na unidade metodológica entre as ciências naturais e as ciências sociais e, nesse sentido, nos é apresentada já como um precedente da concepção sistêmica que se fundamenta na unidade da ciência e, em conseqüência, na concepção metodológica".[174]

Para Popper, o ponto decisivo da epistemologia é a demarcação que deve ser feita entre o conhecimento metafísico e o científico. Esse critério se assemelha ao positivismo que também busca definir a mesma linha divisória entre o científico e o metafísico. Contudo, enquanto os positivistas esposam a verificação como único critério de exclusão dos conhecimentos metafísicos da abrangência científica, a hipótese popperiana utiliza-se da *falseabilidade* como elemento seletor de teorias científicas. Assim, a teoria que pretende assumir o condão de científica, deve, obrigatoriamente, ser testada, uma vez que, segundo Waismann, "se não houver meio possível de determinar se um enunciado é verdadeiro, esse significado não terá significado nenhum[...]",[175] depurando-se que, quanto maior a capacidade de uma teoria ser testada, maior será a possibilidade de sua confirmação.

Assim, para Popper, a indução não pode ser considerada como o melhor método de aferir/construir uma teoria. Tal assertiva deriva do fato de que não se pode utilizar premissas individuais, verificadas mediante experimentação, como suporte para construção de teorias. Nesse mesmo sentido, Popper apresenta suas ressalvas à verificabilidade e afirma ser a falseabilidade a melhor opção para o aparte do conhecimento científico do não-científico.

---

[174] COLOM, Antoni J. *A (des)construção do conhecimento pedagógico*: novas perspectivas para a educação. Porto Alegre: Artmed, 2004, p. 30.
[175] Waismann apud POPPER, Karl R. *A Lógica da Pesquisa Científica*. 11. ed. Trad. de Leonidas Hegenberg e Octanny Silveira mota. São Paulo: Cultrix, 2004, p. 41.

"Contudo, só reconhecerei um sistema como empírico ou científico se ele for passível de comprovação pela experiência. Essas considerações sugerem que deve ser tomado como critério de demarcação, não a *verificabilidade,* mas a *falseabilidade* de um *sistema.* Em outras palavras, não exigirei que um sistema científico seja suscetível de ser dado como válido, de uma vez por todas, em sentido positivo; exigirei, porém, que sua forma lógica seja tal que se torne possível validá-lo através de recurso a provas empíricas, em sentido negativo: *deve ser possível refutar, pela experiência, um sistema científico empírico*".[176]

Com essa proposta, podem-se selecionar as teorias que, após suas falseabilidades, podem ser consideradas aptas a pertencerem ao mundo empiricamente válido e serem universalmente aceitas. A objetividade de um enunciado, isto é, a capacidade de uma hipótese ser aceita universalmente está de modo direto ligada à sua capacidade de ser submetida a testes de cunho intersubjetivos. Quando um enunciado fica restrito à provação de apenas um indivíduo, não se pode atribuir-lhe o condão de ciência, uma vez que, para o enunciado ser considerado científico, a intersubjetividade de sua verificação constitui um requisito indispensável.[177]

Notadamente, subsume-se que se todo enunciado que é tido como científico deve ser passível de falseabilidade universal, também é passível de refutação. Ao verificar a falseabilidade de uma hipótese, deve–se ter em mente que a mesma é passível de impugnação. Caso contrário, estar-se-ia diante de uma hipótese definitiva da ciência – fato que não condiz com a necessária mutação temporal aludida anteriormente. Assim sendo, toda teoria deve ser suscetível de falseabilidades intersubjetivas temporalmente contínuas para ser considerada empiricamente aceitável. Ou como refere Popper: "[...] recuso-me a aceitar a concep-

---

[176] POPPER, Karl R. *A Lógica da Pesquisa Científica.* 11. ed. Trad. de Leonidas Hegenberg e Octanny Silveira mota. São Paulo: Cultrix, 2004, p. 42.
[177] Idem, p. 46.

ção de que, em ciência, existam enunciados que devamos resignadamente aceitar como verdadeiros, simplesmente pela circunstância de não parecer possível, devido a razões lógicas, submetê-los a teste".[178]

A construção do conhecimento científico não pode ser concebida como um processo de descobrir o mundo à volta, mas sim um eterno redescobrir de virtudes e criatividades que, enquanto seres humanos, permitem aos homens reinventar suas próprias conjeturas e refutá-las quando necessário. *"Não sabemos: só podemos conjecturar. Nossas conjecturas são orientadas por fé não científica, metafísica (embora biologicamente explicável), em leis, em regularidades que podemos desvelar, descobrir".*[179] A metafísica desempenha, de tal maneira, uma dupla função junto ao processo de constrição do conhecimento. Inicialmente determinando uma imagem geral do mundo e, em uma segunda fase, apontando o que Popper denomina de "programa de pesquisas metafísicas".[180]

A ciência não é um sistema de enunciados dotados de certeza, nem é um sistema que avança continuamente em direção a um ponto final. Essa ciência não é conhecimento *"episteme"*, ela jamais pode alcançar a verdade imutável e universalmente válida.[181] "A ciência, como domínio cognitivo constituído através da aplicação do critério de validação das explicações científicas, não lida com a verdade ou a realidade num sentido transcendente, mas apenas com a explicação da experiência humana".[182] De tal ponto, pode-se apregoar que a visão positivista do conhecimento resta prejudicada pelo natimorto intuito de utilizar-se da verificabilidade como critério delimitador da epistemologia. Assim,

> "o velho ideal científico da *episteme* – do conhecimento absolutamente certo, determinável mostrou não pas-

---

[178] POPPER, Karl R. *A Lógica da Pesquisa Científica*. 11. ed. Trad. de Leonidas Hegenberg e Octanny Silveira Mota. São Paulo: Cultrix, 2004, p 50.
[179] Idem, p 306.
[180] POPPER. KARL R. *O cérebro e o pensamento*. Campinas; Papirus, 1992, p. 32.
[181] Cfr. POPPER, Karl R. *A Lógica da Pesquisa Científica*. Op. cit., p. 305.
[182] MATURANA, Humberto R. *Cognição ciência e vida cotidiana*. Belo Horizonte: Ed. UFMG, 2001, p.159.

sar de um 'ídolo'. A exigência de objetividade científica torna inevitável que todo enunciado científico permaneça *provisório para sempre*. Pode ele, é claro, ser corroborado, mas toda corroboração é feita com referência à outros enunciados, por sua vez provisórios. Apenas em nossa experiências subjetivas de convicção, em nossa fé subjetiva, podemos estar 'absolutamente certos'".[183]

Dessa forma, a busca incessante pelo conhecimento último é logicamente impossível, pois leva a uma situação de regresso infinito, constituindo um processo sem fim.[184] Quanto mais se aprende sobre o meio que cerca o homem, quanto mais profunda a ciência, mais específica será a consciência humana do que se ignora – o conhecimento da ignorância. Essa, de fato, é a principal fonte de ignorância: o fato de que o conhecimento só pode ser finito, mas a ignorância humana deve ser necessariamente infinita.[185] Nessa semântica, Popper apregoa que se deve

"[...] abandonar as idéia das fontes últimas do conhecimento, admitindo que todo o conhecimento é humano – que se mescla com nossos erros, preconceitos, sonhos e esperanças; o que podemos fazer é buscar a verdade, mesmo que ela esteja fora do nosso alcance. Podemos, admitir que nossa busca é muitas vezes inspirada, mas precisamos ficar em guarda contra a crença (por mais profunda que seja) de que nossa inspiração tem alguma autoridade – divina ou não. Se admitirmos que em toda a província do conhecimento. Não há qualquer autoridade que possa escapar à crítica, por mais que tenhamos penetrado no reino do desconhecido, poderemos reter sem perigo a idéia de que a verdade está situada além da autoridade humana. E devemos retê-la, porque sem essa idéia não pode haver padrões objetivos de investigação, crítica das nossas conjecturas, busca do conhecimento ou procura do conhecimento".[186]

---

[183] POPPER, Karl R. *A Lógica da Pesquisa Científica*. Op. cit., p. 308.
[184] Cfr. POPPER, Karl R. *Conjecturas e refutações*. Op. cit., p. 51.
[185] Idem, p. 57.
[186] Idem, p. 58.

Dessa observação acerca do postulado de Popper, resta a noção de que a busca pelo conhecimento último dotado de certeza e verdade é utópica. Assim, "graças à eliminação permanente de erros, caminhamos de teorias verossímeis para outras mais verossímeis ou melhores e, portanto, na direção da verdade, embora sem alcançar nunca a certeza, pois que não se pode ir além de hipóteses".[187] Não se busca averiguar a certeza, verossimilhança[188] ou probabilidades das teorias, mas sim, cientes das limitações humanas quanto às observações do meio, criticá-las a ponto de refutá-las em prol de novas teorias mais condizentes com os hodiernos estágios do conhecimento humano.

2.2. O conhecimento sistêmico-autopoiético

Nessa fase da pesquisa, opta-se por laborar dois pontos interdependentes e complementares: a teoria sistêmica e a teoria autopoiética. A primeira, será abordada de forma sucinta devido à sua maior inserção no capítulo seguinte, no que se refere à sua aplicação no sistema jurídico. Já a segunda será observada levando-se em conta a necessidade de construção de um novo paradigma científico que efetive o marco biológico-orgânico como fundamento das ciências hodiernas. Nesse sentido, buscar-se-á uma (re)construção das bases epistemológicas a serem aplicadas ao Direito como forma de atualização da ciência jurídica às necessidades criadas por um contexto histórico onde a complexidade desponta no cotidiano de cada indivíduo. Assim sendo, fugindo da matriz científico-

---

[187] BARROS, Roque Spencer Maciel de. *Razão e racionalidade*: ensaios de filosofia. São Paulo: T.A. Queiroz. 1993, p. 37.
[188] "[...] a ciência não tem nada a ver com a noção de verdade, que é independente do critério de validação que constitui uma afirmação ou explicação científica como válida no domínio cognitivo constituído pelo critério de validação das explicações científicas". MATURANA, Humberto R. *Cognição ciência e vida cotidiana*. Belo Horizonte: Ed. UFMG, 2001, p. 150.

-analítica desenvolvida por Descartes,[189] verificar-se-á a possibilidade de ligação entre as ciências sociais e as biológicas, tornando mais perceptível a fundamentação dos sistemas sociais.

2.2.1. O conhecimento sistêmico

Como fora observado retro – ao se desenvolverem as hipóteses de Popper – o posicionamento da ciência positivista, em seu método analítico-indutivo de aferição da cientificidade das teorias cognitivas, é inadequado às ciências sociais, devido ao seu objeto, não estar em um mesmo patamar que as ciências humanas. Nesse sentido, restará claro que a possibilidade de experimentação verificada nas ciências humanas não poderia ser aplicada às ciências sociais,[190] muito menos, em períodos de complexidade elevada como a vivenciada contemporaneidade. Assim,

"A situação não é simples: Por um lado, a ciência experimental, devido ao seu atomismo e à sua neces-

---

[189] Segundo o discurso acerca do método desenvolvido por Descartes, existiam quatro preceitos que devem ser observados na análise científica: "O primeiro consistia em nunca aceitar como verdadeira nenhuma coisa que eu não conhecesse evidentemente como tal, isto é, em evitar, com todo o cuidado, a precipitação e a prevenção, só incluindo nos meus juízos o que se apresentasse de modo tão claro e distinto ao meu espírito, que eu não tivesse ocasião alguma para dele duvidar. O segundo, em dividir cada uma das dificuldades que devesse examinar em tantas partes quanto possível e necessário para resolvê-las. O terceiro, em conduzir por ordem os meus pensamentos, iniciando pelos objetos mais simples e mais fáceis de conhecer, para chegar, aos poucos, gradativamente, ao conhecimento dos mais compostos, e supondo também, naturalmente, uma ordem de precedência de uns em relação aos outros.E o quarto, em fazer, para cada caso, enumerações tão completas e revisões tão gerais, que eu tivesse a certeza de não omitir nada". DESCARTES, René. Discurso do método. Trad. Pietro Nassetti. São Paulo: Martin Claret. 2005, p. 31-32. Para Arendt "A dúvida cartesiana não duvidava simplesmente de que a compreensão humana fosse acessível a toda verdade ou que a visão humana fosse capaz de tudo ver; para ela a inteligibilidade à compreensão humana não constitui demonstração de verdade, tal como a visibilidade não constitui prova de realidade". ARENDT, Hannah. A condição humana. Trad. Roberto Raposo. 10. ed. Rio de Janeiro: Forense Universitária. 2004, p. 288.

[190] Para Durkheim, "Devemos, portanto, considerar os fenômenos sociais em si mesmos, desligados dos sujeitos conscientes que deles têm representação; é preciso estudá-los de fora, como coisas exteriores, porque é deste modo que se nos apresentam". DURKHEIM, Émile. As regras do método sociológico. Trad. Pietro Nassetti. São Paulo: Martin Claret. 2005, p. 52.

sidade de análise, não pode dar resposta clara à complexidade própria das questões tratadas pelas ciências humanas e sociais. Não obstante, e ao mesmo tempo, essa mesma complexidade – definitivamente as generalizações – impede a análise completa de fatos a partir do estudo de causas e efeitos, e apaga, ao mesmo tempo, os limites de fenômenos e objetos. Ou seja, *a problemática das ciências humanas em relação às naturais se alicerça, muito possivelmente, na vocação analítica destas em contraposição com o necessário desejo abarcador das primeiras*".[191]

Em não sendo passível aplicar a metodologia analítica,[192] devido às referidas incongruências de sua utilização em observações dos sistemas sociais, faz-se necessário buscar novos paradigmas que sirvam de base para a ereção de um conhecimento científico capaz de atender as expectativas de um meio complexo. Nesse diapasão, a teoria dos sistemas é apresentada como um novo viés a servir de modelo para reestruturação do conhecimento atual, uma vez que "a ciência dos sistemas opõe-se, portanto, aos métodos fundamentados na representação analítica, que busca reduzir a complexidade, para simplificar a representação". Nessa condição, a teoria dos sistemas possibilita a partição do meio em sistemas que, por sua vez, dividem-se em subsistemas. A forma de observação da teoria dos sistemas é calcada nas comunicações realizadas entre os sistemas, bem como entre os seus elementos constituintes. Nesse sentido, seguindo o posicionamento de Arnaud e Dulce:

---

[191] COLOM, ANTONI J. *A (des)construção do conhecimento pedagógico*: novas perspectivas para a educação. Trad. Jussara Haubert Rodrigues – Porto Alegre: Artmed. 2004, p. 37-38.

[192] "René Descartes criou o método do pensamento analítico, que consiste em quebrar fenômenos complexos em pedaços a fim de compreender o comportamento do todo a partir das propriedades das suas partes. Descartes baseou sua concepção da natureza na divisão fundamental de dois domínios independentes e separados – o da mente e o da matéria. O universo material, incluído os organismos vivos, era uma máquina para Descartes, e poderia, em princípio, ser entendido completamente analisando-o em termos de suas menores partes". CAPRA, Fritjof. *A teia da vida*. Trad. Newron Roberval Eichemberg. São Paulo: Cultrix. 1999, p. 34-35.

"O método sistêmico consiste numa ruptura completa com o método racionalista clássico – de estilo analítico –, herdado de Descartes. O método sistêmico distingue-se por quatro preceitos, chamados de *pertinência*, de *globalismo*, de *teleologia* e de *agregação*. A pertinência é examinada em relação ao pesquisador, e opõe-se ao princípio de prova. O globalismo diz respeito ao meio do sistema. É a recusa do reducionismo, que se manifesta com a prioridade dada à análise. A teleologia pesquisa o comportamento do sistema e exclui o raciocínio linear de tipo casual. A agregação visa a uma representação simplificadora, preferível à pesquisa exaustiva, que tira o fôlego, segundo a fórmula cartesiana [...]".[193]

A tentativa de centrar o conhecimento científico em uma seqüência de "descobertas" que, linearmente, determinam qual contexto pode ser considerado científico não abarca as relações de um meio eivado de complexidade e interdependência sistêmica. "A ciência tem, pois, hoje, a necessidade de realizar discursos sobre o complexo e sobre as relações que se dão entre elementos, e não de centrar-se tanto no arcaísmo linear do saber".[194] A tomada de consciência de que o homem não pode conhecer a natureza em toda a sua complexidade é um primeiro passo para a mudança do paradigma corrente.

A saída que resta para uma observação do meio complexo é uma postura científica igualmente complexa,[195] invertendo-se a ordem de as partes determinarem o todo. Agora o todo – sistêmico – é que deve determinar as rela-

---

[193] ARNAUD, André-Jean; DULCE, M.J.F. *Introdução à análise sociológica dos sistemas jurídicos*. Rio de Janeiro: Renovar, 2000, p. 302-303.

[194] COLOM, Antoni J. *A (des)construção do conhecimento pedagógico*: novas perspectivas para a educação. Porto Alegre: Artmed, 2004.

[195] A complexidade pode ser observada como o ponto de fuga do racional pela integração da realidade com conjecturas. Para Colom, "O complexo se define ou se aproxima ao desconhecido, ao obscuro, à desordem, ao incerto, à antinomia, ao dialético, é, em suma, a ruína da física clássica eda ciência assentada sobre o denominado método científico". COLOM, Antoni J. *A (des)construção do conhecimento pedagógico:* novas perspectivas para a educação. Porto Alegre: Artmed, 2004, p. 59.

ções das partes. Assim, faz-se necessário apontar as diferenças entre o método analítico e o sistêmico. Para tanto, utilizar-se-á o quadro comparativo de Le Moigne, que apresenta os pontos diferenciais entre um método e outro.[196]

Método analítico	Método sistêmico
Objeto	Projeto ou Processo
Elemento	Unidade ativa
Conjunto	Sistema
Análise	Concepção
Disjunção	Conjunção
Estrutura	Organização
Otimização	Adequação
Controle	Inteligência
Eficácia	Efetividade
Aplicação	Projeção
Evidência	Pertinência
Explicação causal	Compreensão teleológica

No atual patamar histórico, deve-se abandonar o paradigma que procura desenvolver o conhecimento científico como um processo linear de evolução. Tanto as relações fáticas quanto as conjecturas se entrelaçam em forma não-linear, não-processual e não-metódica. A característica maior desse ambiente é a tecedura de teias que interligam início e fim, causa e conseqüência. "A instabilidade, a incerteza e a indefinição são, pois, os desafios explicativos que devem ser enfrentadas pelo conhecimento social".[197] Não resta, assim, um sentido a ser seguido, mas sim, um ambiente em que o caos é a única certeza.

Dessa forma, deve-se abandonar a busca pela racionalidade analítica e a ordem especializada de certezas pela funcionalidade dos sistemas. Não se perquire sobre a razão

---
[196] LE MOIGNE, Jean-Louis. La modélisation des systèmes complexes. Apud ARNAUD, André-Jean; DULCE, M.J.F. *Introdução à análise sociológica dos sistemas jurídicos*. Rio de Janeiro: Renovar, 2000, p.. 308.
[197] COLOM, Antoni J. *A (des)construção do conhecimento pedagógico*: novas perspectivas para a educação. Porto Alegre: Artmed, 2004, p. 81.

de ser, mas sim, pela forma de seu funcionamento e quais as interações que tal sistema realiza com os demais sistemas, bem como as relações internas de seus elementos integrantes. Não é necessário determinar – uma vez que nunca será atingido um paradigma último a fundamentar de forma inquestionável –, mas deve-se propiciar uma visão holística e coordenada do meio.

No caso específico dos sistemas sociais, a aplicação da teoria dos sistemas é mais adequada que a teoria analítico-positivista, porquanto fica claro que a experimentação realizada nas ciências humanas não é adaptável às ciências sociais, remanescendo uma lacuna epistemológica no ponto de aferição do objeto das ciências sociais. De tal modo, o pesquisador pode observar os sistemas sociais – com sua realidade complexa e dinâmica – desprovido da aplicação do método experimental que tanto pena os estudiosos da sociedade.[198] Para Colom, "a teoria dos sistemas é, como se vê, uma metateoria, já que se apresenta como linguagem aplicável a qualquer teoria ou ciência humano-social"[199] possibilitando, dessa forma, uma observação da realidade conectada e não isolável. Assim, "a ciência dos sistemas afirma-se, por excelência, dos fenômenos complexos. Nesse sentido, ela liga-se às ciências da cognição e as da inteligência artificial".[200] A noção de conhecimento sistêmico desenvolveu-se com base nos processos científicos das mais diversas áreas do conhecimento. Para Capra,

> "a principal característica do pensamento sistêmico emergiu simultaneamente em várias disciplinas na primeira metade do século, especialmente na década de 20 os pioneiros do pensamento sistêmico foram os biólogos, que enfatizavam a concepção dos organismos vivos como totalidades integrantes. Foi posteriormente enriquecida pela psicologia da Gestalt e pela nova

---

[198] Cfr. COLOM, ANTONI J. *A (des)construção do conhecimento pedagógico*: novas perspectivas para a educação. Trad. Jussara Haubert Rodrigues – Porto Alegre: Artmed. 2004, p. 42.

[199] Idem, p. 44.

[200] ARNAUD, André-Jean; DULCE, M.J.F. *Introdução à análise sociológica dos sistemas jurídicos*. Rio de Janeiro: Renovar, 2000, p. 302.

ciência da ecologia, e exerceu talvez os efeitos mais dramáticos na física quântica".[201]

A introdução da teoria dos sistemas nas ciências sociais é atribuída a Niklas Luhmann. Sua aplicação é feita de forma indireta, desligada da realidade. Nesse sentido, para Luhmann, estudar a realidade de uma sociedade ou, em termos sistêmicos, um sistema social, inicialmente, significa estudar os sistemas em suas características e funções para, após, se aplicarem os resultados à realidade fática. A utilização de tal metodologia culminou com a crítica tecida à teoria sistêmica de ser um posicionamento anti-humanista.[202] Contudo, tal crítica será rebatida no seguinte capítulo.

Outra crítica tecida à teoria sistêmica é a sua incapacidade de aplicação a casos concretos do meio social. Tal fado decorre da sua inaptidão para realizar uma leitura direta dos relatos fáticos do mundo da vida, bem como de suas afirmações estarem restritas à órbita das conclusões do próprio sistema. Contudo, é de se ressaltar que, enquanto modelo teórico, a teoria dos sistemas possibilita a construção de uma lógica racional desvinculada da experimentação, – método dificilmente aplicado às ciências sociais – não incidindo, porém, em uma ontologia desprovida de qualquer empirismo. Destarte,

"[...] o enfoque sistêmico é uma forma de racionalidade não-experimental, mais objetiva, porém, do que a mera racionalidade do discurso ontológico. Transforma-se assim em uma espécie de terceira via, apoiada entre a narração objetiva da ciência e os relatos subjetivos da filosofia".[203]

Entre as principais características do pensamento sistêmico, destacam-se duas. A primeira é a mudança de uma

---

[201] CAPRA, Fritjof. *A teia da vida*. Trad, Newron Roberval Eichemberg. São Paulo: Cultrix. 1999, p. 33.

[202] Cfr. COLOM, ANTONI J. *A (des)construção do conhecimento pedagógico*: novas perspectivas para a educação. Trad. Jussara Haubert Rodrigues – Porto Alegre: Artmed. 2004, p. 45.

[203] Idem, p. 48.

ciência voltada para a análise das partes constitutivas de um todo para a observação das relações desse todo; a segunda é a possibilidade de mudar o foco de observação entre os mais variados escalonamentos hierárquicos,[204] sem que se rompa a cientificidade do seu processo de verificabilidade. Dessa maneira, muda-se o foco da ciência de uma contínua "classificação" das partes, para a observação das relações dessas partes como um todo orgânico interdependente. Assim,

"no novo pensamento sistêmico, a metáfora do conhecimento como um edifício está sendo substituída pela rede. Quando percebemos a realidade como uma rede de relações, nossas descrições também formam uma rede interconectada de relações e de modelos, na qual não há fundamentos. Para a maioria dos cientistas, essa visão do conhecimento como uma rede sem fundamentos firmes é extremamente perturbadora, e hoje de modo algum é aceita. Porém, a medida que a abordagem de rede se expande por toda a comunidade científica, a idéia do conhecimento como uma rede encontrará, sem dúvida, aceitação crescente".[205]

Nessa mesma seara, pode-se afirmar que a sociedade é observada como um sistema cibernético, isto é, por "sistemas abertos que possuem a particularidade de se auto-regularem, graças à capacidade de utilizar os fluxos de informação que recebem de seu meio externo para tais fins".[206] Em tal patamar, o sistema já não aparece como uma qualidade da observação empírica, mas sim, como um instrumento que possibilita a observação dos fenômenos sociais.[207]

---

[204] Nesse ponto, faz-se imperioso rever os conceitos de paradigmas desenvolvidos por Kuhn como escalonamentos de construção do conhecimento.
[205] CAPRA, Fritjof. *A teia da vida*. Trad. Newron Roberval Eichemberg. São Paulo: Cultrix. 1999, p. 48.
[206] COLOM, ANTONI J. *A (des)construção do conhecimento pedagógico*: novas perspectivas para a educação. Trad. Jussara Haubert Rodrigues – Porto Alegre: Artmed. 2004, p. 50.
[207] ARNAUD, André-Jean; DULCE, M.J.F. *Introdução à análise sociológica dos sistemas jurídicos*. Rio de Janeiro: Renovar, 2000, p. 307.

2.2.2. A epistemologia autopoiética

Nesse ponto, será abordado o representacionismo como modo clássico de observação científica que atribui ao ser humano a capacidade de "coletar" informações do meio e armazená-las no sistema nervoso como arquivos, bem como a sua suplantação pela ciência auto-referencial de cunho biológico.[208] Dessa maneira, o que se busca aqui é demonstrar a incoerência da busca de uma verdade cuja realidade não esteja atrelada ao observador.[209]

A concepção representacionista labora com uma necessária divisão entre observador-objeto. O observador é o ser humano que, dotado de uma capacidade de assimilar as informações do meio, consegue armazenar dados e processá-los com o seu sistema nervoso. Já o objeto é tido como a representação física da matéria que circunda o ser, sendo classificada, segundo modelos padronizados, universalmente aplicáveis. Dessa forma, o conhecimento representacionista adota uma postura de divisão entre o objeto e o observador, não levando em conta a necessária ligação entre os diversos elementos que constituem o mundo de interações ao qual o homem pertence.[210] Segundo Morin "[...] a ciência clássica exclui sempre o observador de sua observação, e o pensador, o que constrói conceitos, de sua concepção, como se fosse praticamente inexistente ou se encontrasse na sede da verdade suprema e absoluta".[211]

É a interminável busca por um fundamento último que elimina a necessária reconstrução dos critérios cognitivos como meio de, paralelamente, o homem acompanhar

---

[208] "[...] o poder das explicações científicas tem a ver com a biologia, quer dizer, com a dinâmica de constituição de sistemas configurados pelo observador ou pela comunidade de observadores". Cfr. MATURANA, Humberto R. *Cognição ciência e vida cotidiana*. Belo Horizonte: Ed. UFMG, 2001, p. 58.

[209] Idem, p. 52.

[210] Cfr. MATURANA, Humberto R.; VARELA, Francisco J. *A árvore do conhecimento*: as bases biológicas da compreensão humana. São Paulo: Palas Athena, 2001, p. 8.

[211] MORIN, Edgar. A noção de sujeito. In SCHNITMAN, Dora Fried. (org.) *Novos paradigmas, cultura e subjetividade*. Porto Alegre: Artes Médicas, 1996, p. 46.

o ritmo das mutações sociais. O medo do desconhecido do incerto obriga o ser humano a criar paradigmas que servem como base para o seu limitado sistema de observação da natureza. Maturana e Varela sobre essa temática afirmam:

> "Tendemos a viver num mundo de certezas, de solidez perceptiva não contestada, em que nossas convicções provam que as coisas são somente como as vemos e não existe alternativa para aquilo que nos parece certo. Essa é nossa situação cotidiana, nossa condição cultural, nosso modo habitual de ser humanos".[212]

Porém, o conhecimento humano não pode ser desconectado do meio ao qual o homem está inserido. As informações que, segundo a postura representacionista, seriam captadas pelo observador são inegavelmente elementos que interagem com a própria estrutura do observador, uma vez que, "todos os seres vivos multicelulares conhecidos são variações elaboradas sobre o mesmo tema – a organização e a filogenia da célula".[213] Assim, apesar de existir uma vasta gama de seres vivos – devido a variação celular das linhagens – o núcleo auto-referencial[214] é o mesmo: a biologia celular.[215] Nesse mesmo diapasão, pode-se apregoar que:

> "[...] cada célula de nosso corpo é uma parte que está no todo de nosso organismo, mas cada célula contém totalidade do patrimônio genético do conjunto do corpo, o que significa que o todo está também na parte. Cada indivíduo numa sociedade é uma parte de um

---

[212] MATURANA, Humberto R.; VARELA, Francisco J. *A árvore do conhecimento*: as bases biológicas da compreensão humana. São Paulo: Palas Athena, 2001, p. 22.

[213] Idem, p. 93.

[214] Para Nafarrate "Um sistema autorreferencial debe definirse, pues, como um tipo de sistema que para la producción de sus próprias operaciones se remite a la red de las operaciones propias y, em este sentido, se reproduce a sí mismo". NAFARRATE, Javier Torres. Apud. LUHMANN, Niklas. *Sistemas sociales*: lineamientos para uma teoria general. Barcelona: Anthropos Editorial, 1998, p. 21.

[215] Cfr. Maturana "A ontogenia de um ser vivo é uma deriva estrutural, na qual as mudanças estruturais que ocorrem são contingemtes com as interações com o meio". MATURANA, Humberto R. *Cognição ciência e vida cotidiana*. Belo Horizonte: Ed. UFMG, 2001, p. 82.

todo, que é sociedade, mas esta intervém, desde o nascimento do indivíduo, como sua linguagem, sas normas, suas proposições, sua cultura, seu saber; outra vez, o todo está na parte".[216]

Todo conhecimento torna-se, devido à necessária vinculação do indivíduo ao meio que pertence, fazendo parte de sua estrutura, um autoconhecimento. Essa interação faz-se cogente pela gênese unívoca entre os muitos integrantes do mundo da vida, sem olvidar que o homem é um desses integrantes. De tal modo, "o meio pode ser visto como um contínuo 'seletor' das mudanças estruturais que o organismo experimenta em sua ontogenia".[217] Ocorre, deste modo, um acoplamento estrutural entre o sistema nervoso do observador e o meio proporcionando, assim, uma mútua transformação/adaptação. O ser é modificado pelo meio ao qual pertence e modifica.

Acompanhando o raciocínio supra, pode-se afirmar que a clássica divisão da ciência em objeto e método estaria superada. Em se concebendo que o objeto está diretamente vinculado ao observador não há meios de se manter uma observação liberada de subjetividades. O objeto, nesse caso, está prejudicado, em decorrência do "elo de transformação entre conhecimento (de um objeto) e o conhecimento desse conhecimento, elo que não é outro senão o próprio pesquisador que, com o saber, não apenas transforma o conhecimento, mas com o conhecimento, transforma a si mesmo".[218] Assim, o binômio observador-objeto é substituído pela auto-observação.

O próprio organismo do ser humano realiza interações/trocas com o meio para manutenção de sua estrutura. Ao absorver alimentos, o ser humano realiza uma

---

[216] MORIN, Edgar. Epistemologia da complexidade. In SCHNITMAN, Dora Fried. (org.) *Novos paradigmas, cultura e subjetividade.* Porto Alegre: Artes Médicas, 1996, p. 278.

[217] MATURANA, Humberto R. VARELA, Francisco J. *A árvore do conhecimento*: as bases biológicas da compreensão humana. São Paulo: Palas Athena, 2001, p. 114-115.

[218] COLOM, Antoni J. *A (des)construção do conhecimento pedagógico*: novas perspectivas para a educação. Porto Alegre: Artmed, 2004, p. 61.

constante consulta para saber quais elementos podem constituir parte do seu todo orgânico vital. Essa seleção verifica quais elementos serão assimilados pelo organismo e quais deverão ser eliminados. Disso resulta que o ser humano – assim como todos os demais elementos do mundo da vida – não pode ser observado de uma forma estática, uma vez que a dinâmica mutacional do ser humano é verificável, seja pela constante reestruturação celular do organismo, seja pela noção de envelhecimento.[219] Segundo Morin.

> "no final dos anos sessenta, os estudos científicos reconheceram a distinção entre o si e o não-si, num terreno particular da biologia: a imunologia. O sistema imunológico que nos protege das agressões externas é um sistema que permite reconhecer tudo o que é um *si mesmo* mediante uma espécie de carteira de identidade molecular própria do organismo particular. O que corresponde à carteira de identidade é aceito, o que não corresponde é rechaçado [...]".[220]

Existe, assim, uma diferença entre a interação realizada entre dois seres humanos e um ser humano e o meio. Na relação entre dois seres humanos, um reconhece as necessidades[221] do outro, tendo como base as suas próprias necessidades. Essa comunicação é realizada pela linguagem produzida pelo sistema nervoso: ligação entre o orgânico e o social do individuo. Dessa forma, a alteridade é expressa através da fraternidade – elemento de concretização das minhas necessidades espelhadas nas necessidades do outro – possibilitando as relações sociobiológicas.

---

[219] Cfr. MORIN, Edgar. A noção de sujeito. In SCHNITMAN, Dora Fried. (org.) *Novos paradigmas, cultura e subjetividade.*Porto Alegre: Artes Médicas, 1996, p. 50.

[220] Idem, p. 50.

[221] Com relação às necessidades do ser humano em tempos de complexidade, pode se seguir os ditames de Colom ao apontar que o homem "tenha substituído a lógica da moralidade – a crença nos grandes valores – e a lógica da razão – a crença nas grandes verdades – pela lógica da necessidade – ou a satisfação do desejo". COLOM, Antoni J. *A (des)construção do conhecimento pedagógico*: novas perspectivas para a educação. Porto Alegre: Artmed, 2004, p. 72.

O ser se reconhece no outro – assim, a dupla contingência é o resultado das interações intersubjetivas (entre dois seres/sistemas) permitidas/ampliadas pela linguagem. Um exemplo dessa relação é o fato de que não pode haver comunicação com um objeto inanimado; com um animal pode haver um sistema de condicionamento de certas reações vinculadas a determinadas ações; agora, em se tratando de outro ser humano, é possível manter uma relação de comunicação e exigibilidade de determinadas condutas pelo necessário entendimento propiciado pela linguagem.

Tanto o meio como o observador passam por mutações/evoluções devido à característica dinâmica dos sistemas autopoiéticos. Todavia, as variações do meio e do observador ocorrem de forma diversa. O primeiro possui uma variação acíclica, isto é, sua mutação é designada como contínua e ininterrupta, sem apresentar períodos determinados. Já as mutações do observador seguem o ciclo de variação das etapas reprodutivas.[222] Assim, "a evolução é uma deriva natural, produto da invariância da autopoiese e da adaptação".[223] Sem esses dois elementos, não existiria evolução/mutação. Isso decorre, porque a autopoiese é a capacidade de se auto-reproduzir mantendo as características necessárias para uma ulterior reprodução – conservando, assim, a perpetuação do ser. "A ontogenia de qualquer ser vivo, a história individual de qualquer sistema, transcorre sob condições de conservação de organização".[224] Já a adaptação é a capacidade de interação com o meio que possibilita os acoplamentos estruturais e a manutenção de ambos.

Todo conhecimento está ligado a uma interdependência objeto-observador. Para que ocorra a auto-organização, é necessário um consumo de energia direcionado à recons-

---

[222] Cfr. MATURANA, Humberto R.; VARELA, Francisco J. *A árvore do conhecimento*: as bases biológicas da compreensão humana. São Paulo: Palas Athena, 2001, p. 125.
[223] Idem, p. 131.
[224] MATURANA, Humberto R. *Cognição ciência e vida cotidiana*. Belo Horizonte: Ed. UFMG, 2001, p. 78.

trução da sua autonomia. Nesse caso, a auto-organização – por ser dependente da energia exterior – não pode manter uma relação de autismo com esse exterior. Por isso, pode-se deduzir que a auto-organização é uma auto-eco-organização.[225] Sendo assim, os sistemas autopoiéticos possuem uma autonomia limitada às características determinantes de seus elementos definidores, mantendo, todavia, uma necessária dependência do meio externo no que se refere à energia(comunicações) que garantem o aumento da sua entropia.

Não obstante, é de se fazer menção que os seres humanos possuem uma capacidade de observação limitada, quer dos elementos que os cercam, quer de sua própria estrutura. Dessa forma, a capacidade de analisar determinado elemento pode não ser compatível com os quesitos necessários para uma verificação da verdade real acerca desse elemento, impossibilitando, assim, a determinação da previsibilidade do seu futuro.

A produção do conhecimento, como forma de interação do observador com o meio, é efetivada mediante um acoplamento estrutural. Esse acoplamento é realizado entre o sistema nervoso e o meio que circunda o ser humano, alargando o domínio de interação de um organismo. Nesse caso, o ser humano "acopla as superfícies sensoriais e motoras, mediante uma rede de neurônios cuja configuração pode ser muito variada".[226] Assim, o cérebro é o responsável pelas conexões realizadas entre os sentidos e os meios. Destarte, é através das perturbações do meio sobre o sistema sensorial que a interação humana produz as reações necessárias à interdependência, denominada cognição. Nesse sentido,

"[...] todo processo de conhecer está necessariamente baseado no organismo como uma unidade no fecha-

---

[225] Cfr. MORIN, Edgar. A noção de sujeito. In SCHNITMAN, Dora Fried. (org.) *Novos paradigmas, cultura e subjetividade.*Porto Alegre: Artes Médicas, 1996, p. 46-47.
[226] MATURANA, Humberto R.; VARELA, Francisco J. *A árvore do conhecimento*: as bases biológicas da compreensão humana. São Paulo: Palas Athena, 2001, p. 177.

mento operacional do seu sistema nervoso. Daí se segue que todo conhecer é fazer como correlações sensório-efetoras nos domínios de acoplamento estrutural em que existe o sistema nervoso".[227]

O sistema nervoso é o responsável pela construção/possibilidade do conhecimento, classificando – através dos sentidos – quais elementos são passíveis de mudar o seu estado anterior. No entanto, essa seleção de informações do meio não é feita mediante a simples captação, já que "[...] o sistema nervoso não 'capta informações' do meio, como freqüentemente se diz. Ao contrário, ele constrói um mundo, ao especificar quais configurações do meio são perturbações e que mudanças estas desencadeiam no organismo".[228] É esse acoplamento estrutural entre meio e observador que permitirá a continuidade do funcionamento do organismo e do meio em que o observador está inserido. Nesse sentido, para Morin

"Todo conhecimento é uma tradução no sentido de que os estímulos que chegam aos nossos olhos vão até milhões de células diferentes, provocando e suscitando mensagens que transmitirão ao cérebro mediante o nervo óptico, segundo um código binário. Dito de outra maneira, a natureza do estímulo visual será traduzida num código. E todos os códigos que chegam à diferentes regiões do cérebro são mesclados e transformados para dar-nos uma percepção, uma representação. Desse modo, traduzimos e reconstruímos".[229]

O conhecimento é pautado por uma dupla atuação do sistema nervoso em relação ao mundo da vida. A primeira é interna e diz respeito à ampliação de domínios de possibilidades atinentes ao sistema nervoso. Já a segunda acena para a abertura do sistema nervoso para novas dimensões de acoplamentos estruturais, possibilitando a

---

[227] MATURANA, Humberto R. VARELA, Francisco J. *A árvore do conhecimento*: as bases biológicas da compreensão humana. São Paulo: Palas Athena, 2001, p. 185.

[228] Idem, p. 188.

[229] MORIN, Edgar. Epistemologia da complexidade. In SCHNITMAN, Dora Fried. (org.) *Novos paradigmas, cultura e subjetividade*. Porto Alegre: Artes Médicas, 1996, p. 280.

adequação dos estados internos com as mais variadas interações com o meio. Assim, é o conjunto existente entre a base criada no sistema nervoso com as conexões do mundo externo que permitem a construção do sistema cognitivo do homem e de sua linguagem.[230]

Apesar de todas as interações realizadas entre o meio e o individuo representarem uma perturbação no sistema, elas podem ser diferenciadas entre perturbações do meio "inerte" ou acoplamentos de terceira ordem. As primeiras, são comunicações entre o ser humano (dotado de sistema nervoso) e elementos do meio. Já os acoplamentos de terceira ordem são interações realizadas entre dois sistemas nervosos, também chamados por Luhmann de dupla contingência. Essas interações entre os seres humanos "[...] adquirem, ao longo de sua ontogenia, um caráter recorrente e, portanto, que se estabeleça um acoplamento estrutural que permita a manutenção da individualidade de ambos, no prolongado devir de suas interações",[231] propiciando o ambiente para a continuidade da espécie e a estrutura necessária para as iniciais organizações societárias.

Esses acoplamentos de terceira ordem são a base para as interações sociais. Note-se que, nesse período do presente relato científico, aplicam-se as fundamentações do conhecimento biológico como arcabouço da construção social. Tal ressalva faz-se imperiosa para demonstrar o necessário elo existente entre o orgânico e o social. Seguindo, nessa mesma esteira de argumentos, pode-se afirmar que, para buscar o fundamento último das interações sociais, é preciso abandonar o campo da sociologia e aderir aos conhecimentos biológicos – sem descartar sua ligação com a antropologia. "Essa fenomenologia se baseia no fato de que os organismos participantes satisfazem suas ontogenias individuais principalmente por meio de seus acopla-

---

[230] Cfr. MATURANA, Humberto R. VARELA, Francisco J. *A árvore do conhecimento*: as bases biológicas da compreensão humana. São Paulo: Palas Athena, 2001, p. 195.
[231] Idem, p. 200.

mentos mútuos, na rede de interações recíprocas que formam ao constituir as unidades de terceira ordem".[232] Esse processo é o que determina as relações sociais e, por conseqüência, como apresentaremos adiante, a própria sistemática do direito.

Nesse diapasão, pode-se afirmar que o acoplamento de terceira ordem, por representar a interação entre os indivíduos de uma sociedade, é o responsável pelo desenvolvimento da linguagem.[233] Dessa afirmativa, deduz-se que a sociedade não é formada por indivíduos, mas sim, pela interdependência comunicativa de sistemas nervosos vinculados pela sua fenomenologia interna específica: a linguagem. Assim, em termos orgânicos, o ser humano é um sistema que possui vários outros sub-sistemas (respiratório, circulatório, nervoso...). Contudo, o sistema nervoso, além de realizar o acoplamento estrutural com os demais sistemas do organismo, acopla-se aos demais sistemas nervosos dos indivíduos da sociedade mediante a linguagem.[234] Nesse segmento, pode-se esposar a interpretação de Maturana ao afirmar que

"[...] a linguagem acontece quando duas ou mais pessoas em interações recorrentes operam através de suas interações numa rede de coordenações cruzadas,

---

[232] MATURANA, Humberto R.; VARELA, Francisco J. *A árvore do conhecimento*: as bases biológicas da compreensão humana. São Paulo: Palas Athena, 2001, p. 214.

[233] "[...]linguagem não é verbalização, mas sim, o fluir das coordenações consensuais de comportamentos Cfr MATURANA, Humberto R. *Cognição ciência e vida cotidiana*. Belo Horizonte: Ed. UFMG, 2001, p. 99.

[234] Cfr. Maturana e Varela os sistemas sociais humanos "têm clausura operacional, que ocorre no acoplamento estrutural de seus componentes. No entanto, os sistemas sociais humanos também existem como unidades para seus componentes no domínio da linguagem. A identidade dos sistemas sociais humanos depende, portanto, da conservação da adaptação dos seres humanos não apenas como organismos – num sentido geral –, mas também como componentes dos domínio lingüísticos que eles constituem. Pois bem: por estar associada a seus comportamentos lingüísticos, a história evolutiva do homem é uma história que selecionou a plasticidade comportamental ontogênica que torna possível os domínios lingüísticos – e na qual a conservação da adaptação do ser humano como organismo requer que ele funcione nesses domínios e conserve essa plasticidade. Dessa maneira, assim como a existência de um organismo requer a estabilidade operacional de seus componentes, a existência de um sistema social humano exige a plasticidade operacional (comportamental) desse sistema." in *A árvore do conhecimento*: as bases biológicas da compreensão humana. São Paulo: Palas Athena, 2001, p. 220.

recursivas, consensuais de coordenações consensuais de ações, e que tudo o que nós seres humanos fazemos, fazemos em nossa operação em tal rede como diferentes maneiras de nela funcionar".[235]

O mundo só existe dentro da linguagem produzida pelos contínuos acoplamentos estruturais de terceira ordem entre os sistemas nervosos dos seres humanos. A mente e a consciência são elementos que não estão no cérebro, mas que pertencem ao sistema de coordenação de ações, denominado linguagem. Dessa forma, não se pode seguir o determinismo científico que prevê um mundo objetivo alheio ao seu observador, uma vez que, "[...]nossa experiência está acoplada a um mundo que vivenciamos como contendo regularidades que resultam de nossa história biológica e social".[236]

Seguindo nessa seara, nota-se que o ser humano se utiliza da sociedade como uma forma de autopreservação biológica. Uma vez observado o indivíduo como um sistema, poder-se-á notar que as interações com seus pares criam atritos decorrentes do choque de interesses. Esses interesses são os reflexos externos das necessidades internas – sejam de ordem orgânica ou psicológica – que o indivíduo contrapõe aos demais. No entanto, sobrepõe-se às necessidades individuais o equilíbrio do sistema ao qual o indivíduo pertence como forma de autopreservação de ambos. Assim, o equilíbrio entre o individual e o coletivo é a chave para a manutenção de qualquer sistema, inclusive o social. A esse equilíbrio atribui-se o nome de *homeostase*.

Do todo apontado nesse subcapítulo, resta a necessidade de mudar o foco das bases epistemológicas para uma – parafraseando Morin – ciência com consciência. Reformulando e, até mesmo, recriando os métodos de observação dos fenômenos do meio sem, contudo, excluir o

---

[235] MATURANA, Humberto R. *Cognição ciência e vida cotidiana*. Belo Horizonte: Ed. UFMG, 2001, p. 130.
[236] MATURANA, Humberto R.; VARELA, Francisco J. *A árvore do conhecimento*: as bases biológicas da compreensão humana. São Paulo: Palas Athena, 2001, p. 263.

observador desse meio, uma vez que "[...] não posso fazer referência a entidades de mim para construir meu explicar",[237] nem deixar de atribuir critérios de validação compatíveis com a limitação do observar humano. Pois, segundo a proposição de Maturana e Varela,
> "vivemos no mundo e por isso fazemos parte dele; vivemos com os outros seres vivos, e portanto compartilhamos com eles o processo vital. Construímos o mundo em que vivemos durante as nossas vidas. Por sua vez, ele também nos constrói ao longo dessa viagem comum. Assim, se vivemos e nos comportamos de um modo que torna insatisfatória a nossa qualidade de vida, a responsabilidade cabe a nós".[238]

Dessa forma, a continuidade do sistema social humano depende da tomada de consciência da dualidade existente entre o individual e o grupal. Somente quando se atingir um grau de harmonia entre os interesses/necessidades subjetivas condizentes com a ordem reinante na sociedade, será possível permanecer no contínuo processo – autopoiético – de desenvolvimento social. Esse processo defende que "[...]o espaço social surge sob a emoção de aceitação do outro, sob o amor",[239] adequando sistema orgânico ao sistema social que prevê a aceitação do outro no meio através da tomada de consciência dos valores da alteridade. O mundo é o que nós construímos em conjunto com os outros.[240] Assim, as divergências intersubjetivas devem ser sopesadas pela elevação da alteridade como bem maior supra-individual, e base do sistema de Direitos Fundamentais. Nesse sentido, resta claro que a função principal do Direito é romper com as divergências entre a ótica individual e a social, sem perder sua fundamentação bio-antropológica.

---

[237] MATURANA, Humberto R. *Cognição ciência e vida cotidiana*. Belo Horizonte: Ed. UFMG, 2001, p. 35.

[238] MATURANA, Humberto R.; VARELA, Francisco J. *A árvore do conhecimento*: as bases biológicas da compreensão humana. São Paulo: Palas Athena, 2001, p. 9-10.

[239] MATURANA, Humberto R. *Cognição ciência e vida cotidiana*. Op. cit., p. 109.

[240] Devemos ressalvar que para Maturana "Não há preocupação pelo outro se o outro não pertence ao domínio de aceitação no qual se está, o domínio social no qual se está". Cfr. Idem, p. 49.

3. Autopoiese como instrumento de efetivação dos Diretos Fundamentais

> "Não podemos ser justos
> se não formos humanos".
> *Vauvernegues*

Atinge-se, agora, o ponto principal da presente obra: a verificação da possibilidade de os Direitos Fundamentais constituírem uma diferenciação funcional do sistema jurídico. De início, analisaram-se as matrizes sobre as quais se pode observar o sistema jurídico (positivista e hermenêutica). No segundo capítulo, pode-se verificar a necessidade de uma revisão epistemológica do Direito com a introdução do conhecimento sistêmico-autopoiético. Agora, busca-se examinar a aplicação da teoria dos sistemas autopoiéticos aos Direitos Fundamentais.

Nesse sentido, procura-se fracionar o último capítulo em duas partes. A primeira irá concentrar-se na observação do Direito enquanto sistema autopoiético, verificando, assim, suas características e diferenciações do sistema social. Já a segunda procura aplicar os mandamentos do postulado autopoiético aos Direitos Fundamentais, elevando as necessidades humanas como elemento determinante na configuração de um sistema auto-referencial como o proposto.

3.1. Matriz sistêmico-autopoiética do Direito

Como o intuito da presente pesquisa é o de se observarem as necessidades humanas como cerne dos Direitos Fundamentais, faz-se imperiosa a análise das matrizes teóricas sob as quais se erigiram as suas bases conceituais. Nesse sentido, após a observação das matrizes analítica e hermenêutica, sua contraposição e constatação de que seu aporte não é apto a sanar as deficiências de um Direito aplicável em tempos de complexidade elevada, buscar-se-á, conforme o embasamento epistemológico tecido no capítulo anterior, analisar o postulado sistêmico-autopoiético como teoria de base a ser empregada aos Direitos Fundamentais enquanto sistema de satisfação das necessidades humanas compartidas.

Para tanto, partindo-se do legado luhmanniano, inicialmente, apontar-se-ão as bases da teoria dos sistemas,[241] suas características e ligações com o legado de Parsons. O segundo momento possibilitará apregoar a inserção do conceito de risco no ordenamento jurídico para, ao final, aludir o posicionamento de Luhmann pela adaptação de sua teoria sistêmica aos conceitos trazidos por Maturana e Varela no que tange à teoria autopoiética. Por último, seguindo um processo de construção argumentativa, apontar-se-á a possibilidade da observação/aplicação dos Direitos Fundamentais como uma diferenciação do sistema jurídico.

3.1.1. Fundamentação teórico-sistêmica do Direito

A proposta da doutrina dos sistemas luhmanniana é a construção de uma teoria geral da sociedade que servisse

---

[241] Cfr. Morin "A noção de sistema foi sempre uma noção-apoio para designar todo o conjunto de relações entre constituintes formando um todo. A noção só se torna revolucionária quando, em vez de completar a definição das coisas, dos corpos e dos objetos, substitui a de coisa ou de objeto, que eram constituídos de forma e de substância, decomponíveis em elementos primários, isoláveis nitidamente em espaço neutro, submetidos apenas às leis externas da "natureza"". MORIN, Edgar. *Ciência com consciência*. Rio de Janeiro: Bertrand Brasil, 1996, p. 258.

de sustentáculo para uma observação criteriosa do meio social em tempos de complexidade elevada.[242] Para tanto, o ideário sistêmico "buscou um aporte universal, que superasse a estreiteza da conexão entre micro e macro, e alcançasse maior precisão conceitual".[243] Dessa forma, Luhmann buscou, na teoria estruturalista-funcional de Talcott Parson – observada a diferença na observação da relação ser/meio entre os dois[244] – o suporte necessário a uma diferenciação dos subsistemas dentro do sistema social.

Segundo o postulado sistêmico, a sociedade é um sistema que possui o mais elevado grau de autodeterminação em relação ao meio ambiente,[245] uma vez que serve de aporte para a estruturação dos demais subsistemas sociais. Nesse sentido, através da função desenvolvida em cada subsistema, pode-se diferenciá-lo dos demais, uma vez que "la sociedade moderna pode ser descrita como um gran sistema social estructurado primordialmente sobre la base de uma diferenciación social".[246] Desse modo, apesar de haver "una perdita di funzioni della società in favore dei singoli sottosistemi, per giungere ad uma riorganizzazione delle norme-guida e delle rappresentazione di valore di questi sottosistemi",[247] pode-se apregoar que a diferen-

---

[242] Na posição de CLAM depura-se que "Os diferentes sistemas não podem ser lidos, senão na sua *sociedade*, como as estruturações operativas temporalizadas da comunicação, desenhando-se sobre o fundo da contingência inesgotável e não-ultrapassável que é a sociedade". ROCHA, Leonel Severo; SCHWARTZ, Germano; CLAM, Jean. *Introdução à teoria do sistema autopoiético do Direito*. Porto Alegre: Livraria do Advogado. 2005, p. 115.

[243] NEVES, Clarissa Eckert Beata; SAMIOS, Eva Machado Barbosa (Org.) *Niklas Luhmann: a nova Teoria dos Sistemas*. Porto Alegre: Ed. Universidade/UFRGS, 1997 p. 17.

[244] Tal diferença é ressalvada pelo fato de que "Para Parsons, o indivíduo é sempre o agente social por excelência, e sua consciência, o centro da auto-referencia dos sistemas sociais. Já para Luhmann, o papel fundamental do sistema é dado pela comunicação" ROCHA, Leonel Severo; SCHWARTZ, Germano; CLAM, Jean. *Introdução à teoria do sistema autopoiético do Direito*. Porto Alegre: Livraria do Advogado. 2005. p 61.

[245] Cfr. ROCHA, Leonel Severo; SCHWARTZ, Germano; CLAM, Jean. *Introdução à teoria do sistema autopoiético do Direito*. Porto Alegre: Livraria do Advogado. 2005. p 58.

[246] LUHMANN. Niklas. *Sociologia del riesgo*. México: Triana Editores, 1998, p. 26.

[247] LUHMANN, Niklas. *I diritti fondamentali come istituzione*. Bari: Dedalo. 2002, p. 50.

ciação social serve de verificação da função de cada subsistema. Contribui, dessa forma, para a conservação da ordem no sistema social.

Essa delimitação dos subsistemas sociais – ou sistemas de segundo grau dentro do sistema social – permite a verificação dos seus elementos específicos, possibilitando o estudo destacado do Direito, sem interferências de elementos estranhos as suas relações/comunicações. Para Campilongo,

> "a análise de Luhmann e sua construção teorética partem da definição dos pressupostos que permitem à ciência jurídica ajustar conceitualmente a complexidade do seu objeto e observá-lo e descrevê-lo como conquista evolutiva da forma de diferenciação própria da sociedade moderna. Tais pressupostos são buscados na teoria dos sistemas autopoiéticos autoreferentes. O direito é um sistema social deste gênero".[248]

Uma necessária observação que deve ser trazida à baila é a formação dos conceitos de base da teoria sistêmica em seu emprego no Direito. Nesse caso, para que o sistema jurídico seguisse o enquadramento da teoria sistêmica luhmanniana, foi imprescindível a adoção do conceito de Direito defendido por seu tutor científico, Talcott Parson. Tal conceito, segundo a opinião de Arnaud e Dulce, pode ser descrito da seguinte forma:

> "O direito é, de acordo com Parsons, um dos subsistemas sociais a que se dá função de *integração social*, assim como a tarefa de gerar e de exercer os meios de *controle social* pelos quais se comunicam aos usuários do sistema as regras de comportamento que devem ser seguidas".[249]

---

[248] CAMPILONGO, Celso Fernandes. *O direito na sociedade complexa*. São Paulo: Max Limonad. 2000, p. 191.
[249] ARNAUD, André-Jean; DULCE, M.J.F. *Introdução à análise sociológica dos sistemas jurídicos*. Tradução de Eduardo Pellew Wilson. Rio de Janeiro: Renovar, 2000, p. 145.

Todos os sistemas têm em comum uma característica: a comunicação de seus elementos.[250] O sistema sociojurídico, por sua vez, segundo a teoria de Luhmann, também é constituído por comunicação, uma vez que "é a comunicação que torna a operação apropriada para produzir e para reproduzir o sistema jurídico"[251] e apresenta uma dupla constituição, apresentando-se, segundo afirmam Arnaud e Dulce,[252] como uma estrutura "polissêmica". Uma de suas faces está caracterizada como lugar de interação "formado por *símbolos normativos* com funções *persuasivas*"; a outra aponta que "esse sistema de símbolos normativos age como elemento causal dos comportamentos sociais".

Para a teoria sistêmica, o que deve ser privilegiado em uma sociedade são as comunicações entre os sistemas e seus elementos. O indivíduo – como restara claro no capítulo anterior – não pode ser considerado elemento formador do sistema social. O que gera o sistema social são as comunicações. O indivíduo, por sua vez, apenas congrega dois sistemas em um: o sistema orgânico e o nervoso, sendo o sistema nervoso o responsável pela interação social através do processo comunicativo.

Esse processo de interação intersubjetivo é o responsável pela construção de expectativas compartidas entre os indivíduos. A comunicação humana é a aprimoração das expectativas em um ambiente social. Nesse sentido, o Direito é apresentado como o padrão de observância das expectativas de um meio social. No entanto, o indivíduo não fica atrelado aos ditames das expectativas sociais quando busca suprir as suas necessidades.

---

[250] Para Rocha "A interpretação na teoria dos sistemas parte do conceito de comunicação e está sempre ligada a uma teoria da ação. A análise sistêmica parte do pressuposto de que a sociedade apresenta as características de um sistema permitindo a compreensão dos fenômenos sociais através dos laços de interdependência que os unem e os constituem numa totalidade". ROCHA, Leonel Severo; SCHWARTZ, Germano; CLAM, Jean. *Introdução à teoria do sistema autopoiético do Direito*. Porto Alegre: Livraria do Advogado. 2005, p. 28.
[251] ARNAUD, André-Jean; DULCE, M.J.F. *Introdução à análise sociológica dos sistemas jurídicos*. Tradução de Eduardo Pellew Wilson. Rio de Janeiro: Renovar. 2000, p.318.
[252] Idem, p. 11.

Partindo dessa construção, Luhmman[253] adota a premissa de que o meio social propicia uma gama de possibilidades de escolha para o indivíduo. Possibilidades que são, ao mesmo tempo, complexas e contingentes. "Como *complexidade* queremos dizer que sempre existem mais possibilidades do que se pode realizar. Por *contingência* entendemos o fato de que as possibilidades apontadas para as demais experiências poderiam ser diferentes das esperadas".[254] Nesse sentido, gera-se o risco de que a escolha realizada pelo indivíduo não seja a mais adequada.

Em um ambiente altamente complexo como o hodierno, o risco é uma constante que deve ser observada como referencial para as decisões jurídicas. "O risco é um evento generalizado da comunicação, sendo uma reflexão sobre as possibilidades de decisão".[255] A incerteza é a única certeza em tempos de complexidade elevada. Para De Giorgi, "o risco está ligado à incerteza que caracteriza o futuro dos indivíduos, quer se trate daqueles que observam a si mesmos, ou de um observador externo, como um sistema social".[256] Nesse mesmo ideário, pode-se apontar o risco como um conceito recente. Sua origem é atribuída às incertezas a que a navegação era submetida mediante a cartografia de águas nunca antes exploradas.[257]

Esse preceito inicial de Risco enquanto incerteza foi observado por Ost em três etapas históricas. A primeira tinha o risco enquanto previdência; a segunda, como um

---

[253] "O Direito, para Luhmann, embora visto como uma estrutura, é dinâmico devido à permanente evolução provocada pela sua necessidade de constantemente agir como uma das estruturas sociais redutoras da complexidade das possibilidades do ser no mundo". ROCHA, Leonel Severo; SCHWARTZ, Germano; CLAM, Jean. *Introdução à teoria do sistema autopoiético do Direito*. Porto Alegre: Livraria do Advogado. 2005, p. 32.

[254] LUHMANN, Niklas. *Sociologia do direito I*. Tradução de Gustavo Bayer. Rio de Janeiro: Tempo Brasileiro, 1983, p. 45.

[255] ROCHA, Leonel Severo; SCHWARTZ, Germano; CLAM, Jean. *Introdução à teoria do sistema autopoiético do Direito*. Porto Alegre: Livraria do Advogado. 2005, p.36.

[256] DE GIORGI, Rafaelle. *Direito, Democracia e Risco*: vínculos com o futuro. Porto Alegre: SAFE, 1998, p. 182.

[257] Cfr. GIDDENS, Anthony. *Mundo em Descontrole*: o que a globalização está fazendo de nós. Rio de Janeiro: Record, 2002, p. 32.

conceito de risco vinculado à prevenção, enquanto a terceira – que inclui o período histórico atual – apresenta o risco em seu maior desenvolvimento, relegando o indivíduo à total frustração das pretensas certezas do meio. A consciência da finitude do ser, aliada à consciência do fim das certezas,[258] gera ainda mais complexidade.

O risco é, nesse contexto, um dos elementos que pertencem ao meio e desenvolvem – assim como todo elemento – um papel nesse mesmo meio. Em se tratando de sistemas sociais, "o risco deve ser tratado como um fenômeno da contingência advinda da complexidade da sociedade contemporânea".[259] Não é o meio atual que, de uma hora para outra, fora embebido pelo risco. O risco sempre foi uma constante. Ocorre que, com o acirramento das possibilidades de escolha, conjuntamente com uma autoconsciência desse aumento de complexidade, o risco aflora em um ambiente caracterizado pelas incertezas. A atuação do risco pode ser caracterizada como elemento que irrita os sistemas sociais e por decorrência o próprio sistema jurídico. "Tal ocorrência faz com que os mesmos reajam a fim de estabilizarem estruturas de expectativas e, em conseqüência, forneçam variantes mais cristalinas para as decisões",[260] permitindo uma redução na complexidade que atinge (também) o sistema jurídico.

Contudo, apesar de o risco possuir características que assustam o ser pela incerteza e pela insegurança, sua estrutura, além de ser imprescindível ao ambiente social, é um elemento ativo em um sistema que busca uma mutação calcada na construção e no desenvolvimento compartidos. Em assim sendo, "o risco é a dinâmica mobilizadora de uma sociedade propensa à mudança, que

---

[258] OST, François. *O Tempo do Direito*. Lisboa: Piaget, 1999, p. 343-347.

[259] SCHWARTZ. Germano. *O tratamento jurídico do risco no direito à saúde*. Porto Alegre: Livraria do Advogado Editora, 2004, p. 41. Nessa mesma linha de argumentos "O risco é a contingência: uma decisão sempre implica a possibilidade de que as suas conseqüências ocorram de maneira diferente". ROCHA, Leonel Severo; SCHWARTZ, Germano; CLAM, Jean. *Introdução à teoria do sistema autopoiético do Direito*. Porto Alegre: Livraria do Advogado. 2005, p. 39.

[260] SCHWARTZ. Germano. *O tratamento jurídico do risco no direito à saúde*. Porto Alegre: Livraria do Advogado Editora, 2004, p. 43.

deseja determinar seu próprio futuro, em vez de confiá-lo à religião, à tradição ou aos caprichos da natureza".[261] O risco, dessa maneira, é, além de elemento integrante dos sistemas sociais, o responsável pela dinâmica desses mesmos sistemas, efetuando constantes irritações no processo de estabilização de expectativas.

Como visto, o processo de estruturação social desenvolve-se com a adoção de expectativas comportamentais compartidas que reduzam a complexidade em dado ambiente social. A total falta de expectativas generalizadas é tida como "caos", isto é, a total incerteza e a falta de previsibilidade para o indivíduo, uma vez que, segundo assevera Amado:[262] "[...]eso campo ilimitado de posibilidades que se denomina complejidad, se concibe conceptualmente como caos [...]". Com a adoção de expectativas compartidas, o risco que permeia a contingência social é reduzido e progressivamente estabilizado.

Essa adoção permite minorar as possibilidades de desapontamentos frente às possíveis tomadas de posição do individuo. De tal modo, resta claro que a redução da complexidade, mediante a adoção de padrões comportamentais, constitui a base da estruturação da sociedade moderna. A busca de uma ordem para o caos hodierno representa esse ideário. Para Arnaud, complexidade não se confunde com complicação, uma vez que

> "[...] complexidade não se limita à passagem para uma etapa suplementar de complicação; tampouco se trata de um emaranhado de complicações que poder-se-ia esperar levar novamente à simplicidade pela racionalização. Ela diz respeito à questão da dimensão universal do sistema. Ela remete à idéia de recursividade e de emaranhados de relações de um indivíduo institucional para outro".[263]

---

[261] GIDDENS, Anthony. *Mundo em Descontrole*: o que a globalização está fazendo de nós. Rio de Janeiro: Record, 2002, p. 34.

[262] AMADO, Juan Antonio Garcia. *La filosofia del derecho de Habermas y Luhmann*. Universidade Externado de Colômbia. Bogotá – Colômbia, 1997, p 108.

[263] ARNAUD. André-Jean. *O Direito entre modernidade e globalização*: lições de filosofia do Direito e do Estado. Rio de Janeiro: Renovar, 1999, p. 218.

A delimitação de padrões sociais gerais permite a criação de expectativas compartidas exigíveis que possibilitam sustentar-se o mito da "segurança jurídica" do Direito. Tem-se a segurança jurídica como mito devido ao fato de que a criação de expectativas – sejam jurídicas ou fáticas – ficam na dependência do seu adimplemento fático, uma vez que "toda expectativa é fática, seja na sua satisfação ou no seu desapontamento o fático abrange o normativo".[264] No entanto, a faticidade está eivada de incerteza e de expectativa. A incerteza é a única certeza da faticidade. A mutação do meio – inclusive no seu viés social – propicia a tomada de consciência do indivíduo de que o caos prepondera em detrimento da ordem. *O caos é a ordem natural.*

Quando se fala de expectativas que dizem respeito ao meio, tem-se como diferenciais as que estão relacionadas a outros indivíduos. Essas, por dependerem de um juízo de valor humano, não podem ser consideradas como determinadas, uma vez que "o comportamento do outro não pode ser tomado como fato determinado, ele tem que ser expectável em sua seletividade, como seleção entre outras possibilidades do outro".[265] Dessa forma, ter-se-iam expectativas de expectativas, ou seja, as expectativas do indivíduo restam na dependência das expectativas de outro indivíduo. A essa estrutura denomina-se dupla contingência.

A forma adotada pelo sistema social para reduzir essa infindável quantidade de possibilidades é o emprego de *sínteses comportamentais*.[266] Essas sínteses almejam reduzir a complexidade do meio permitindo ao indivíduo seguir uma generalização de expectativas que simplifica o convívio social e dá sentido ao sistema social. As sínteses comportamentais

"[...] funcionam como uma espécie de fórmula curta simbólica para a integração de expectativas concretas.

---

[264] LUHMANN, Niklas. *Sociologia do direito I*. Tradução de Gustavo Bayer. Rio de Janeiro: Tempo Brasileiro, 1983 p. 57.
[265] Idem, p. 47.
[266] Idem, p. 52.

A orientação a partir da regra dispensa a orientação a partir das expectativas. Ela absorve, além disso, o risco de erros da expectativa, ou pelo menos o reduz, isso porque graças à regra, pode ser suposto que aquele que diverge age erradamente, que a discrepância se origina, portanto, não da expectativa (própria) errada, mas da ação (alheia) errada".[267]

Em se tratando do sistema jurídico, observa-se que as normas criam uma proteção quanto à frustração de expectativas, protegendo quem espera um comportamento conforme as normas.[268] As normas jurídicas são criadas com base num consenso social sobre determinada expectativa em determinado tempo e lugar.[269] No entanto, é de se observar que uma norma jurídica, ao mesmo tempo em que estabiliza expectativas, evitando a sua frustração, somente existirá se tais expectativas forem frustradas ou possuírem a condição de frustrabilidade. Assim, somente persistirá a norma jurídica que preveja a observância de certas posturas se permanecer essa possibilidade fática. No caso de ela desaparecer do mundo fático, extinta estará a necessidade de previsão normativa como elemento garantidor de expectativas. De pronto, resta a definição de Luhmann acerca das normas como "[...] *expectativas de comportamento estabilizadas em termos contrafáticos*".[270] que, dessa maneira, demonstram ser semelhantes aos valores.[271]

---

[267] LUHMANN, Niklas. *Sociologia do direito I*. Tradução de Gustavo Bayer. Rio de Janeiro: Tempo Brasileiro, 1983, p. 53.

[268] CAMPILONGO, Celso. *O direito na sociedade complexa*. São Paulo: Max Limonad. 2000, p. 97.

[269] Para Arnaud, "O direito é considerado como o conjunto das expectativas de comportamento institucionalizadas, isto é, socialmente generalizadas, tendo um conteúdo relativo aos autores, aos fins perseguidos e aos modos de se chegar a esses fins" ARNAUD, André-Jean; DULCE, M.J.F. *Introdução à análise sociológica dos sistemas jurídicos*. Rio de Janeiro: Renovar, 2000, p. 312.

[270] LUHMANN, Niklas. *Sociologia do direito I*. Tradução de Gustavo Bayer. Rio de Janeiro: Tempo Brasileiro, 1983, p. 57.

[271] Para Luhmann, "i valori sono [...]aspettative stabilizzate in modo controfattuale ed in questo sono simili alle norme giuridiche, per le quali vale lo stesso modo di essere". LUHMANN, Niklas. *I diritti fondamentali come istituzione*. Bari: Dedalo. 2002, p. 312.

Entretanto, assim como as expectativas comportamentais acompanham as mutações ocorridas no meio, as expectativas normativas devem seguir esse mesmo paralelo. A forma adotada pelo postulado sistêmico, para que haja uma homeostase entre o sistema social e o jurídico, é a constante adequação das normas através do processo legislativo, cujo escopo é criar, através do consenso social, as linhas a serem seguidas pelos indivíduos integrantes da sociedade.

De outra banda, o emprego do método sistêmico é questionado quando se aborda a sua aplicabilidade fática ao sistema jurídico. Sua proposição resta prejudicada por partir de premissas teóricas que "classificam" os dados fáticos como integrantes de determinados sistemas em decorrência de sua constituição. Nesse caso, deve-se ressalvar que a aplicabilidade do postulado sistêmico não pretende excluir os demais métodos cognitivos, uma vez que

"o método sistêmico é uma maneira de conhecimento e de experimentação por simulação dos sistemas sociais particularmente adaptado para o estudo dos sistemas jurídicos. Ele não é o único válido. Apresenta vantagens, mas não pretende substituir outras maneiras de exame, que dão outras informações, mostram outras perspectivas, e cuja complementaridade não se deve negligenciar".[272]

Feita a ressalva sobre a questão de outros métodos diversos do sistêmico, faz-se necessário afirmar que a teoria sistêmica de Luhmman se apresenta como um postulado cientifico inovador e mais adequado ao ambiente social, tomado pelas incertezas e eivado do caos.[273] Pro-

---

[272] ARNAUD, André-Jean; DULCE, M.J.F. *Introdução à análise sociológica dos sistemas jurídicos*. Rio de Janeiro: Renovar, 2000, p. 345-346.
[273] Para Campilongo "A reflexão de Luhmann suscita os efeitos de uma contestação devastadora: ela despedaça as certezas sedimentadas pela ciência jurídica, as pretensões da engenharia social baseadas no conhecimento do direito ou sobre o calculo das conseqüências das decisões e tira o véu das grandes construções conceituais da ontologia jurídica e da metafísica". CAMPILONGO, Celso Fernandes. *O direito na sociedade complexa*. São Paulo: Max Limonad. 2000, p. 194.

porciona, assim, "a configuração de um novo 'estilo científico' mais apto à compreensão das atuais sociedades complexas que vivemos".[274] Possibilitando, de tal modo, a produção da diferença e da singularidade em detrimento do consenso e da racionalidade,[275] sanando a falta de uma matriz que dê rumo ao sistema jurídico em um conturbado meio científico, eivado de impotência frente às incertezas da atualidade.

3.1.2. O Direito como sistema autopoiético

Inicialmente, observar-se-á a gênese da teoria autopoiética e seu emprego no ramo das ciências biológicas para, num segundo período, analisar sua aplicabilidade aos fenômenos sociais. A denominação *autopoiese* é a fusão de dois termos: "auto" que se refere ao próprio objeto, e "poiese", que diz respeito à reprodução/criação.[276] A autopoiese é uma terminologia empregada inicialmente por dois biólogos chilenos Humberto Maturana e Francisco Varela para designar os elementos característicos de um sistema vivo e sua estrutura. As pesquisas sobre tal objeto de estudo apontaram uma definição de vida como sendo

> "a autonomia e constância de uma determinada organização das relações e os elementos constitutivos desse mesmo sistema, organização essa que é auto-referencial no sentido de que a sua ordem interna é gerada a partir da interação dos seus próprios elementos e auto-reprodutiva no sentido de que tais elementos são produzidos a partir dessa mesma rede de interacção circular e recursiva".[277]

---

[274] ROCHA, Leonel Severo. Direito, complexidade e risco. *Sequência*. Florianópolis : CPGD-UFSC, ano 15, n. 28, jul. 1994 , p. 10.

[275] Cfr. ROCHA, Leonel Severo; SCHWARTZ, Germano; CLAM, Jean. *Introdução à teoria do sistema autopoiético do Direito*. Porto Alegre: Livraria do Advogado, 2005, p 30.

[276] Cfr. CAPRA. Fritjof. A teia da vida: uma nova compreensão científica dos sistemas vivos. Trad. De Newton Roberval Eichemberg. São Paulo: Cultrix, 1999, p. 88.

[277] TEUBNER, Gunther. *O Direito como sistema autopoiético*. Tradução de José Engrácia Antunes. Lisboa: Fundação Calouste Gulbenkiann. 1993, p. III.

Essa construção conceitual foi rapidamente difundida e começou a ser empregada em outras áreas do conhecimento até ser introduzida na seara das ciências sociais. O responsável pela colocação da autopoiese no meio social foi Luhmann, foi ele que, na década de 80, transformou a teoria autopoiética em um método de observação social.[278] Note-se que o postulado luhmanniano pode ser dividido em duas fases: uma extritamente sistêmica e outra com a aplicação da autopoiese sobre os marcos já existentes da sistêmica. Tanto a criação da teoria autopoiética com a sua aplicação aos sistemas sociais representou uma revolução epistemológica. Segundo Morin,

> "A reorganização permanente e a autopoese constituem categorias aplicáveis a toda ordem biológica e, *a fortiori*, à ordem sociológica humana. Uma célula está em autoprodução permanente por meio da morte de suas moléculas. Um organismo está em autoprodução permanente por meio da morte de suas células (que etc); uma sociedade está em autoprodução permanente por meio da morte de seus indivíduos (que etc): ela se reorganiza incessantemente por meio de desordens, antagonismos, conflitos que minam sua existência e, ao mesmo tempo, mantêm sua validade".[279]

Essa proposta de mutação no foco epistemológico propiciou uma melhor observação do meio e suas características. Anteriormente, o processo de observação científica de um dado objeto pressupunha a análise estrutural de todos os seus elementos constitutivos isoladamente. Conhecer algo significava poder determinar quais são as partes que determinam o todo desse objeto. Não se avaliavam as relações entre os elementos, mas apenas sua condição/colocação no todo. Nesse sentido, pode-se revisar a dificuldade de se aplicar essa metodologia a realidades complexas. Já a proposta da teoria autopoiética, diferen-

---

[278] Cfr. TEUBNER, Gunther. *O Direito como sistema autopoiético*. [tradução de José Engrácia Antunes]. Lisboa: Fundação Calouste Gulbenkiann. 1993, p. X.
[279] MORIN, Edgar. *Ciência com consciência*. Rio de Janeiro: Bertrand Brasil, 1996, p. 300.

temente da postura analítica, parte da observação de determinado objeto pela interação de seus elementos, possibilitando, assim, a construção de um arcabouço científico embasado nas relações entre os elementos e as funções exercidas no todo comunicativo dos sistemas. Segundo Guerra Filho,[280]

> "[...] para a organização o que importa é o tipo peculiar de relação (recorrente) entre os elementos, enquanto para a estrutura o que conta é que há elementos em interação, elementos esses que podem ser fornecidos pelo meio ao sistema, sem que por isso a ele não se possa atribuir o atendimento de duas condições gerais, para que se tenha 'sistemas autopoiéticos': a autonomia e a clausura do sistema".

Proclama-se, nesse sentido, que as características determinantes de um sistema autopoiético são a sua autonomia em relação ao meio que o circunda e a sua clausura operacional no que diz respeito às comunicações com esse mesmo meio. A autonomia[281] faz referência à observância do código binário que determina quais elementos pertencem ao sistema e quais são considerados alienígenas a esse. Esse código funciona na dualidade interno/externo, excluindo os elementos que não possuam as características necessárias para serem aceitos pelo sistema. Essa seleção é feita por uma espécie de membrana que classifica quais conteúdos são, conforme as características intrínsecas do sistema, pertencentes à esse mesmo sistema.

Já a clausura do sistema faz com que somente os elementos que foram filtrados pelo código binário possam fazer parte do sistema. "É esse código que, operando como centro de gravidade de uma rede circular e fechada

---

[280] GUERRA FILHO, Willis Santiago. *Autopoiese do direito na sociedade pós-moderna:* introdução a uma teoria social sistêmica. Porto Alegre: Livraria do Advogado, 1997, p. 58.

[281] Cfr. Morin "O conceito de autonomia só pode ser concebido a partir de uma teoria de sistemas ao mesmo tempo aberta e fechada; um sistema que funciona precisa de uma energia nova para sobreviver e, portanto, deve captar essa energia no meio ambiente". MORIN, Edgar. *Ciência com consciência.* Rio de Janeiro: Bertrand Brasil, 1996, p. 184.

de operações sistêmicas, assegura justamente a originária auto-reprodução recursiva dos seus elementos básicos e a sua autonomia em face dos restantes sub-sistemas sociais".[282] Assim, o Direito pode ser considerado como um sistema de segundo grau decorrente de uma especialização do sistema social cujo código binário (direito/não direito) filtra os elementos que farão parte do seu processo de auto-reprodução recursiva. Segundo Capra,

"[...] a auto-organização é a emergência espontânea de novas estruturas e de novas formas de comportamentos em sistemas abertos, afastados do equilíbrio, caracterizados por laços de realimentação internos e descritos matematicamente por meio de equações não-lineares".[283]

É a auto-referencialidade dos elementos que compõem o sistema jurídico que permite ao Direito criar o direito. É de se ressalvar que a ocorrência da auto-referencialidade pode ser observada quando "la operacion encontra su própria unidad cuando hace referencia a operaciones del mismo tipo que han acontecido em el sistema y, em este sentido, cuando se enlaza com operaciones próprias".[284] É essa interdependência que caracteriza as relações dos elementos que compõe o sistema autopoiético. Para Teubner,

"um sistema autopoiético constitui um sistema auto-referencial no sentido de que os respectivos elementos são produzidos e reproduzidos pelo próprio sistema graças a uma seqüência de interacção circular e fechada (uma vez que) a auto-referência sistêmica é o mecanismo gerador, não apenas da ordem sistêmica ('estrutura'), mas das próprias unidades sistêmicas básicas ('elementos')".[285]

---

[282] LUHMANN, Niklas. *Apud* TEUBNER, Gunther. *O Direito como sistema autopoiético*. Tradução de José Engrácia Antunes. Lisboa: Fundação Calouste Gulbenkian. 1993.p. 53.

[283] CAPRA, Fritjof. *A teia da vida*. Trad, Newron Roberval Eichemberg. São Paulo: Cultrix. 1999, p. 80.

[284] NAFARRATE, Javier Torres. *Apud* LUHMANN, Niklas. *Sistemas sociais*: lineamientos para uma teoria general. Barcelona: Anthropos Editorial, 1998, p. 21.

[285] TEUBNER, Gunther. *O direito como sistema autopoiético*. Tradução de José Engrácia Antunes. Lisboa: Fundação Calouste Gulbenkian. 1993, p. X-XI.

A auto-referência proposta pela teoria dos sistemas autopoiéticos deixa claro que a estruturação do sistema só pode ocorrer com a vinculação dos elementos constitutivos do sistema ao processamento das informações existente entre sistema e entorno. Essa dependência comunicativa é reflexo da necessidade de autodeterminação do sistema. Sem essa conexão de conteúdos, a própria existência do sistema como elemento de auto-reprodução circular fica prejudicada. Assim, para Luhmann,

"La teoría de sistemas autorreferenciales sostiene que la diferenciación de los sistemas sólo puode llevarse a cabo mediante autorreferencia; es decir, los sistemas sólo puoden refereirse a sí mismos en la constitución de sus elementos y operaciones elementales (lo mismo en el caso de los elementos del sistema, de sus operaciones, se su unidad). Para hacer posible esto, los sistemas tienen que producir y utilizar la descripcíon de sí mismos; por lo menos, tienen que ser capaces de utilizar, al interior del sistem, la diferencia entre sistema y entorno como orientación e principio del procesamiento de información".[286]

Nessa mesma linha, pode-se anunciar que o conhecimento sistêmico-autopoiético não fica atrelado a fatos específicos nem a períodos temporais delimitados. Nesse caso, como a posição temporal dos elementos que compõem o entorno de qualquer sistema não pode receber a atribuição de um marco inicial, o próprio sistema não é passível de observação temporalmente balizada. Seguindo nessa mesma linha, Luhmann aponta que,

"La teoría de los sistemas autoproducentes, autopoiéticos, sólo podrá ser transladada al campo de los sistemas de accíon cuando se entienda que los elementos que constituyen al sistema no pueden tener ninguna duración, es decir, los elementos mismos que reproducen al sistema son producidos incesantemente por el".[287]

---

[286] LUHMANN, Niklas. Sistemas sociales: *lineamientos para uma teoria general*. Barcelona: Anthropos Editorial, 1998, p. 33.
[287] Idem, 1998, p. 35.

É de se notar que essa autonomia com relação ao meio não impõe uma forma de independência sobre esse mesmo meio. A autonomia apenas delimita quais elementos do meio farão parte do sistema especifico, a interdependência existente entre meio e sistema permanece, existe apenas uma classificação do conteúdo aceitável pelo sistema. Todo o sistema necessita das comunicações com seu exterior para manter sua própria existência. No entanto, essas comunicações devem ser limitadas no sentido da busca constante de elementos que possam fazer parte da própria estrutura do sistema, impossibilitando, assim, a inclusão de elementos que desvirtuem a sua estrutura auto-referencial. Nesse sentido, pode-se afirmar que todo sistema – inclusive o jurídico – deve ser paralelamente aberto e fechado, uma vez que

> "os sistemas comumente distinguem-se em 'abertos' e 'fechados', dependendo de aceitarem ou de recusarem a confrontação, a interação, numa das fases quaisquer de seu funcionamento, com outros sistemas com os quais eles competem na complexidade da vida social. Ora, se se espera de um sistema que ele não fique estagnado num grau de aproveitamento insuficiente, deve-se admitir que esse sistema não é completamente fechado. Essa condição também é fundamental, se se deseja obter indicações certas quanto à qualidade do aproveitamento do sistema".[288]

O sistema jurídico, sob a ótica da autopoiese, e seguindo os ditames dessa, pode ser considerado como um sistema ao mesmo tempo aberto[289] e fechado.[290] Aberto às

---

[288] ARNAUD, André-Jean; DULCE, M.J.F. *Introdução à análise sociológica dos sistemas jurídicos*. Rio de Janeiro: Renovar, 2000, p. 325.

[289] Cfr. MORIN, Edgar. *Ciência com consciência*. Rio de Janeiro: Bertrand Brasil, 1996. p. 281. O que é um sistema aberto? É um sistema que está aberto energética e, às vezes, informacionalmente para o universo externo, ou seja, que pode alimentar-se de matéria/energia e até de informação. Ora, todo sistema que trabalha tende, em virtude segundo princípio da termodinâmica, a dissipar sua energia, degradar seus constituintes, desintegrar sua organização e, portanto, desintegrar-se. É, portanto, necessário à sua existência – e, quando se trata de ser vivo, à sua vida – que ele possa alimentar-se, isso é, regenerar-se, extraindo do externo a matéria-energia de que precisa.

[290] Para Campilongo "O sistema da sociedade moderna é diferenciado em sistemas especificados segundo a função. Cada um dos sistemas satisfaz a própria

influências do meio externo que passam pelo processo de seleção realizado pelo código direito/não direito, juridicizando os elementos do meio que passam a integrar sua estrutura e servem de aparato para a manutenção da sua auto-referencialidade. Fechado no sentido de auto-referencialidade operativa, isso é, o direito se auto-regula através da sua identidade (código binário). Nesse sentido, "a clausura autopoiética do sistema jurídico não implica necessariamente uma espécie de autismo sistêmico do mundo jurídico, mas funciona justamente como condição da sua abertura aos eventos produzidos no respectivo meio envolvente".[291] Assim, complementa Clam ao apontar que o Direito enquanto sistema é

> "autônomo pelo fato – ou a efetuação – de sua autolimitação. Ela se baseia sobre a dicotomizaçao de seu valor central, o Direito (*Recht*), em um código binário

---

função e não pode ser substituído por outro. Daí brotam problemas relativos ao fechamento dos sistemas parciais e às prestações que eles oferecem aos outros sistemas sociais. Fechamento de um sistema significa que, aos estímulos ou aos distúrbios que provenham do ambiente, o sistema só reage entrando em contato consigo mesmo, ativando operações internas acionadas a partir dos elementos que constituem o próprio sistema. Disto resulta a auto-referencia e a autopoiése do sistema: o sistema produz e reproduz os elementos dos quais é constituído, mediante os elementos que o constituem. Os sistemas fechados são, porém, ao mesmo tempo, sistemas abertos, na medida em que a própria reprodução se dá em um ambiente sem o qual o sistema não poderia nem existir, nem se auto-reproduzir. Autonomia dos sistemas sociais, então, significa que os sistemas autoregulam as formas da própria dependência e da própria independência. Nisto os sistemas devem se autodeterminar e, portanto, auto-identificar. Devem, em outras palavras, observar a própria identidade. Mas, uma vez que os sistemas dispõem só da diferença entre si mesmos e o ambiente, eles observam a própria identidade como tautologia". CAMPILONGO, Celso Fernandes. O direito na sociedade complexa. São Paulo: Max Limonad. 2000, p. 191. Nessa mesma linha é o posicionamento de Rocha, ao afirmar que "a idéia de autopoiese surge como uma necessidade de se pensar aquilo que não poderia ser pensado. É um sistema que não é fechado nem aberto. Por que? Porque um sistema fechado é impossível, não pode haver um sistema que se auto-reproduza somente nele mesmo. E um sistema aberto seria só para manter a idéia de sistema. Se falamos em sistema aberto, já nem falamos mais em sistema, podemos falar de outra coisa. Então, o sistema fechado não é possível, o sistema aberto é inútil. Há, aqui, então, a proposta de que, existindo um critério de repetição e diferença simultânea, temos uma idéia de autopoiese" ROCHA, Leonel Severo; SCHWARTZ, Germano; CLAM, Jean. *Introdução à teoria do sistema autopoiético do Direito*. Porto Alegre: Livraria do Advogado, 2005, p. 38.

[291] TEUBNER, Gunther. *O Direito como sistema autopoiético*. Tradução de José Engrácia Antunes. Lisboa: Fundação Calouste Gulbenkian. 1993, p. 87.

do 'Direito' (*Recht, ius*) e do 'não-Direito' (*Unrecht, iniuria*), bem como sobre a especificação das expectativas sociais orientadas ao Direito como as expectativas contrafactualmente mantidas. A regulação dessas expectativas exalta o código jurídico, o instrumento não desviável e universal de uma 'naturalização' de acontecimentos circundantes em acontecimentos do sistema. O código do Direito transforma toda a comunicação em comunicação jurídica. A concepção autopoietológica permite-nos completar a teoria do código, especificando o nível 'cibernético' de sua operação. Na verdade, o *código* se revela um *esquematismo de observação de segunda ordem*, e se encontra, então, em franca ruptura com toda normação bruta ou espontânea. O código é *despojado de toda* a juricidade ou *normatividade intuitiva*, que pode, ainda, aderir ao primeiro sentimento do Direito (ou 'não-Direito'). Ele corresponde a uma observação da primeira observação que permite se pronunciar sobre pertencimento do acontecimento ao sistema jurídico. O código bloqueia a normação selvagem e rarefaz o acesso ao sistema como pré-condição para restituí-lo mais consistente e mais performante".[292]

No caso do sistema jurídico, pode-se afirmar que a delimitação do código binário é dada, preponderantemente, pela norma jurídica. É ela que seleciona quais fatos do meio social podem/devem ser considerados como integrantes do sistema jurídico. Sua atuação é mais dinâmica que a norma e mais uniforme que as decisões jurídicas. Prevalece a autocomunicação dos elementos integrantes do sistema jurídico como sistema de filtragem dos conteúdos comunicados. Assim,

"deve-se considerar que a relação que o sistema jurídico mantém com o extra-jurídico não é uma relação normativa, mas, nesse caso, uma relação 'cognitiva'

---

[292] ROCHA, Leonel Severo; SCHWARTZ, Germano; CLAM, Jean. *Introdução à teoria do sistema autopoiético do Direito*. Porto Alegre: Livraria do Advogado. 2005, p. 118-119.

[...] Isso significa que, na comunicação, a informação ou os 'estímulos' externos são transformados pelo sistema, ao longo do processo auto-referencial".[293]

Dessa forma, o sistema jurídico prescinde de outros sistemas para lhe determinar e servir de sustentáculo científico. A validade do direito – tão questionada pelas demais matrizes – fica atrelada ao próprio direito, "não existe direito fora do direito",[294] desse modo, o direito utiliza-se do seu código binário para relacionar-se com os elementos e sistemas externos e adaptar-se ao meio social sem, contudo, perder sua autonomia e independência auto-referencial. Segue nesse mesmo sentido a opinião de Schwartz ao apontar que

"A importância de se estabelecer o Direito como subsistema autônomo se da pelo fato de que tal subsistema criou uma rede recursiva interna e universal que o diferencia do entorno, de tal forma que se enclausurou operativamente e vai ser o único subsistema responsável por problemas relativos à sua unidade, conseguindo, dessa forma, uma diferenciação funcional".[295]

A função exercida pelo sistema jurídico junto à sociedade facilita o processo de redução da complexidade por delimitar uma gama específica de elementos que podem ser observados, excluindo os demais que são inócuos à sua atuação. Nessa mesma esteira, pode-se afirmar que a delimitação do conteúdo jurídico é feita pela própria essência do sistema. Ou seja, "os limites do direito não podem ser prescritos ou induzidos: eles são constituídos pela unidade do sistema, isto é, pelo seu potencial de auto-reprodução. Em outras palavras: pela forma da sua diferenciação".[296]

---

[293] ARNAUD, André-Jean; DULCE, M.J.F. *Introdução à analise sociológica dos sistemas jurídicos*. Rio de Janeiro: Renovar. 2000, p. 168.

[294] LUHMANN, Niklas. *apud*: TEUBNER, Gunther. *O direito como sistema autopoiético*. Tradução de José Engrácia Antunes. Lisboa: Fundação Calouste Gulbenkian. 1993, p. 2.

[295] ROCHA, Leonel Severo; SCHWARTZ, Germano; CLAM, Jean. *Introdução à teoria do sistema autopoiético do Direito*. Porto Alegre: Livraria do Advogado. 2005, p. 66.

[296] CAMPILONGO, Celso Fernandes. *O direito na sociedade complexa*. São Paulo: Max Limonad. 2000, p. 184-185.

É a operatividade que garante a autonomia do sistema jurídico, uma vez que somente quando seus elementos interagem conforme a delimitação própria do sistema – em seqüência temporal[297] – é que pode-se falar em autonomia. Essas interações podem ser determinadas como operações do sistema. Nesse sentido, alude Clam:

"Se o sistema tem sua base autoprodutora nas operações, elas e os relacionamentos que elas representam e nos quais elas entram são a matéria imediata a partir da qual se constituem as estruturas sistêmicas. Uma vez constituídas, as estruturas se tornam os elementos sobre o qual se orientam as operações em sua continuação uma a outra, ou, sua geração uma a partir da outra. Ora, como vimos, o sistema não possui nenhuma parte, nem nele, nem fora dele, de apoio, nem de critérios para governar a geração das operações – a despeito das estruturas, que são produzidas nas operações e são variáveis a partir delas. O agenciamento operativo do sistema, que o faz oscilar entre estruturas e operações, transfere-o, sem interrupção sobre ele mesmo – ou seja, sobre seus elementos (as operações). Essa transferência estrutural é permanente sobre si mesmo. Essa apreensão de apoio sobre o fluxo operativo que o constitui é a recursividade. Isso significa, por exemplo, para o sistema social, que não há saída fora de suas próprias operações e que essas procuram, sempre, apoio sobre elas mesmas para se modificar".[298]

---

[297] Somente uma auto-referência continuada é que pode determinar se as interações do meio são reflexo de uma estrutura sistêmico-autopoiética ou apenas elementos integrantes à outros sistemas . Para CLAM, "O que encerra os sistemas, o que lhes dá sua unidade, sua identidade e sua coerência, não são os princípios ou as últimas razões, mas unicamente a obra temporal estruturada de uma continuação". ROCHA, Leonel Severo; SCHWARTZ, Germano; CLAM, Jean. *Introdução à teoria do sistema autopoiético do Direito*. Porto Alegre: Livraria do Advogado. 2005, p. 104.
[298] ROCHA, Leonel Severo; SCHWARTZ, Germano; CLAM, Jean. *Introdução à teoria do sistema autopoiético do Direito*. Porto Alegre: Livraria do Advogado. 2005, p. 118-119.

Dessa forma, apesar da necessária interação meio-sistema, a base para a sua existência é a auto-reprodução dos seus elementos intra-sistêmicos que, em uma "dinâmica circular, produzem os seus elementos, as suas estruturas e processos, os seus limites e a sua unidade essencial"[299] e, seguindo essa progressiva (re)construção da estrutura intera do sistema, é que esse torna-se independente do meio que o circunda e fornece elementos comunicativos. Essa contínua circularidade é tida por Ost[300] como o jogo do Direito, uma vez que

"Hay pues, en el sentido fuerte Del termino 'juego' Del Derecho. Este sentido fuerte es un sentido neutro o medio: como se habla del 'juego' dela olas o del 'juego' de las luces; hay una especie de movimiento endógeno del Derecho, de producción interna, no como deseo de no se sabe qué orden jurídico hipostático, sino como proceso colectivo, interrumpido y multidireccional de circulación del logos jurídico".

Para que o processo autopiético ocorra, é imprescindível que haja comunicação[301] com outros sistemas. Essa técnica de troca comunicativa é denominada de "acoplamento estrutural". O acoplamento estrutural serve para que outros sistemas – que possuam conteúdos pertencentes também ao sistema jurídico – realizem trocas comunicativas.[302] Nesse caso, pode-se afirmar que um mesmo fato

---

[299] TEUBNER, Gunther. *O direito como sistema autopoiético*. Tradução de José Engrácia Antunes. Lisboa: Fundação Calouste Gulbenkian, 1993, p. 32.

[300] OST, François. *Júpite, Hercules e Hermes*: três modelos de juesz. Doxa. N. 14, 1993, p. 182.

[301] Pode-se aludir que a estrutura da comunicação no meio social é circular, progressiva e circundante. Sua construção é hierárquica sem necessário início ou fim. Cfr. Jean CLAM. ROCHA, Leonel Severo; SCHWARTZ, Germano; CLAM, Jean. *Introdução à teoria do sistema autopoiético do Direito*. Porto Alegre: Livraria do Advogado. 2005, p. 136.

[302] "O direito não intervém nem age sobre a sociedade, porque ele é um sistema da comunicação social. E a sociedade não é a soma dos fatos sociais ou dos homens, mas é o sistema universal da comunicação. Em tudo isso não há nada de material, não há causalidade direta nem indireta. Não é possível reconstruir seqüências que, a partir dos motivos e, através das ações, conduzam a efeitos. O direito é um sistema diferenciado da sociedade moderna, funcionalmente especificado, que estabiliza estruturas de expectativas e institucionaliza a possibilidade da sua própria transformação. O direito, portanto, não produz efeitos,

do mundo da vida pode ser incluído em mais de um sistema. Isso sucede devido à possibilidade do conteúdo do fato ser aceito por mais de um código seletor. Como exemplo desse acoplamento estrutural pode-se citar a Constituição. Ela serve de elo de ligação entre o sistema jurídico e o político, "juridicizando relações políticas e mediatizando juridicamente interferências da Política no Direito".[303] Essa ligação cria uma área de textura entre os sistemas de interdependência.

Das observações retro, infere-se que o referencial autopoiético vem a suprir lacunas no processo de construção/aplicação do direito, uma vez que, "o paradigma autopoietológico constitui um verdadeiro salto na abstração teórica e, sobretudo, uma transformação decisiva de seu alcance descritivo e explicativo, assim como uma redefinição de suas bases epistemológicas"[304] possibilitando, assim que o sistema jurídico se torne mais adequado às necessidades sociais.

O sistema jurídico, assim sendo, mantém a sua autonomia e quanto aos demais subsistemas sociais possibilitando ao julgador uma maior liberdade sobre os critérios que devem ser observados no processo de decisão/criação do direito. O julgador deve ter "[...] um olhar crítico para o passado; um olhar agudo para o presente; um olhar curioso e cheio de esperanças para o futuro; e, um olhar para além das fronteiras",[305] possibilitando assim uma estreiteza maior com a almejada justiça.

---

mas torna possível o agir sobre a base de uma seletividade que permite isolar eventos e qualificá-los como ações" Cfr. CAMPILONGO, Celso Fernandes. *O direito na sociedade complexa.* São Paulo: Max Limonad. 2000, p. 189.

[303] GUERRA FILHO, Willis Santiago. *Autopoiese do direito na sociedade pós-moderna*: introdução a uma teoria social sistêmica. Porto Alegre: Livraria do Advogado, 1997, p. 71.

[304] ROCHA, Leonel Severo; SCHWARTZ, Germano; CLAM, Jean. *Introdução à teoria do sistema autopoiético do Direito.* Porto Alegre: Livraria do Advogado. 2005, p. 89.

[305] ARNAUD, André-Jean. *O direito traído pela filosofia.* Tradução de Wanda de Lemos Capeller e Luciano Oliveira. Porto Alegre: Sergio Antônio Fabris Editor; 1991, p. 8.

3.2. Os Direitos Fundamentais em uma perspectiva sistêmico-autopoiética

O escopo desse subcapítulo é observar a possibilidade de alicerçar os Direitos Fundamentais como uma diferenciação do sistema jurídico. Para tanto, opta-se por apresentar as necessidades humanas como seu elemento de diferenciação perante o entorno, realizando, assim, uma ligação entre o sistema biológico e o jurídico. Essa ligação poderá representar o elo perdido entre a ciência jurídica hodierna e sua fundamentação. Tal ligação pode encurtar as distâncias entre as diversas diferenciações do meio. Essas diferenciações podem ser observadas em três níveis.[306]

Uma das características maiores do meio social hodierno é sua contínua diferenciação devido à necessidade de se reduzir o risco e estabelecer um mínimo de expectativas compartidas. O Direito, assim como outros subsistemas sociais, ou sistemas de segundo grau, pode ser considerado como o resultado de uma diferenciação do sistema social que visa a dar ênfase ao tratamento das expectativas compartidas estabilizadas de forma contrafática. Seguindo nessa mesma linha é que se buscará a observação dos Direitos Fundamentais, através do natural

---

[306] Cfr. LUHMANN, Niklas. *Sistemas sociales*: lineamientos para uma teoria general. Barcelona: Anthropos editorial, 1998, p. 27.

processo de diferenciação, como um subsistema que, mesmo permanecendo atrelado ao sistema jurídico, paulatinamente destaca-se dos demais elementos/sistemas que compõem o meio circundante ao qual está vinculado. Essa diferença entre o sistema e o seu entorno é a base para a delimitação de sistemas auto-referenciais. Os sistemas possuem uma estrutura que se diferencia do/para o entorno como forma imunológica. Nesse sentido,

"Los sistemas están estructuralmente orientados al entorno, y sin él, no podrían existir: por lo tanto, no se trata de un contacto ocasional ni tampouco de una mera adaptación. Los sistemas se constituyen y se mantienen mediante la creación y la conservación de la diferencia con el entorno, y utilizan sus límites para regular dicha diferencia. Sin diferencia con respecto al entorno no haría autorreferencia ya que la diferencia es la premisa para la función de todas las operaciones autorreferenciales".[307]

Para que se apresente a proposta que segue, deve-se ter em mente, primeiramente, que se procura defender a concepção de Direitos Fundamentais como diferenciação funcional entre os sistemas biológico e o sistema jurídico. Verifica-se, nesse caso, que os Direitos Fundamentais se especializam dentro do sistema jurídico, formando uma circularidade a partir da Constituição.

As decisões jurídicas figuram no centro do sistema formado pelos Direitos Fundamentais devido à necessidade de aplicação – cogente – de seus enunciados. Para que isso ocorra, as necessidades humanas devem servir de subsídio à fundamentação das decisões jurídicas de base para a formulação das normas; e de elemento essencial na elaboração da doutrina.

Para isso, opta-se por seguir o posicionamento esposado por Peres Luño ao defender que os Direitos Humanos são o reflexo das necessidades humanas. Dessa monta, pega-se emprestada essa concepção dos Direitos Humanos

---

[307] LUHMANN, Niklas. *Sistemas sociales*: lineamientos para uma teoria general. Barcelona:Anthropos editorial, 1998, p. 40.

para aplicá-la aos Direitos Fundamentais, ressalvando, todavia, suas características distintivas.[308] Objetiva-se, assim, conseguir observar os Direitos Fundamentais como um reflexo da natureza humana[309] juridicamente aplicável, permitindo, assim, a construção de uma estrutura teórica embasada não mais na metafísica de uma Norma Hipotética Fundamental pressuposta como a positivista, nem em uma teoria do direito aberta às excessivas subjetividades do julgador como configura-se a hermenêutica jurídica. Nesse condão, o desígnio principal é demonstrar a possível – e necessária – fundamentação do jurídico no biológico, possibilitando a composição de uma teoria dos Direitos Fundamentais de cunho autônomo, auto-referente e socialmente mais adequada.

3.2.1. Diferenciação funcional dos Direitos Fundamentais

Todo ambiente possui um processo de constante diferenciação de seus elementos em sistemas e subsistemas. Esse processo é contínuo e serve para estabilizar o meio. Assim como todo sistema diferenciado, a autonomia dos Direitos Fundamentais, enquanto subsistema, é dada pela sua diferenciação com relação ao meio. Nesse caso, "i processi di sviluppo dei sistemi sociali mostrano la progressiva diferenziazione al loro interno di ambiti di senso e di strutture, che all'inizio apparivano come entità omogenee[...]"[310] Essa diferenciação é um processo que ocorre com maior intensidade em meios sociais que possuam um grau de complexidade elevado como o atual. De tal modo,

---

[308] No que se refere à distinção existente entre Direitos Humanos e Direitos Fundamentais, pode-se afirmar que enquanto aqueles possuem condição universalizante e textura aberta, os Direitos Fundamentais possuem estrutura vinculada à ordem interna do Estado e conteúdo normativamente limitado.

[309] Para Fukuyama, "natureza humana é a soma do comportamento e das características que são típicas da espécie humana, originando-se de fatores genéticos e não ambientais". FUKUYAMA, Francis. *Nosso futuro pós-humano.* Conseqüências da revolução da biotecnologia. Trad. Maria Luiza X. de A. Borges. Rio de Janeiro: Rocco, 2003, p. 139.

[310] LUHMANN, Niklas. *I diritti fondamentali come istituzione.* Bari: Dedalo. 2002, p. 13.

a diferenciação é uma necessidade imposta ao meio social, uma vez que para Arnaud e Dulce,

"A introdução da idéia central de diferenciação social, que caracteriza as sociedades contemporâneas, permite ao autor conceber a sociedade como sistema social, dentro do qual se distingue, funcionalmente, um certo número de subsistemas, entre os quais está o sistema jurídico. A *unidade do sistema* está ligada a essa *diferenciação*, que permite ao sistema jurídico, como qualquer outro, distinguir o que propriamente lhe pertence do que pertence ao meio".[311]

A diferenciação funcional é o ponto central de qualquer sistema autopoiético. Ela é que vai determinar quais conjuntos de elementos terão o condão de atingirem uma auto-referência substancialmente elevada ao ponto de recursivamente determinarem quais conteúdos fazem parte de sua estrutura e quais são refutados. Uma diferenciação de sistemas sociais, delimitada com relação à função desenvolvida no meio, leva á formação de subsistemas orientados à prestações específicas. Esse modelo de estruturação funcional suplanta, gradativamente, o modelo de segmentos que divide a sociedade em sistemas iguais. Essa mudança propicia uma sociedade mais interdependente, com comunicações inovadoras e, indiretamente, mais eficaz.[312] Para Luhmann, uma ordem social diferenciada deve garantir quatro mecanismos de generalização: a) auto-representação da pessoa; b) formação de expectativas de comportamento atendíveis; c) satisfação das necessidades econômicas; e observação das decisões vinculativas.[313]

No entanto, independentemente de a diferenciação ser a forma característica da nossa sociedade moderna, onde "separam-se indissoluvelmente as esferas do poder, do saber, da lei, da religião, do prazer implicando a necessi-

---

[311] ARNAUD, André-Jean; DULCE, M.J.F. *Introduçãoà análise sociológica dos sistemas jurídicos*. Rio de Janeiro: Renovar, 2000, p. 317.

[312] Cfr. LUHMANN, Niklas. *I diritti fondamentali come istituzione*. Bari: Dedalo. 2002, p. 54.

[313] Idem, p. 77.

dade da legitimação constante de suas áreas de atuação[...]"[314] não se pode deduzi-la ou impor como elemento indispensável à sobrevivência do ser no meio. Nesse sentido, pode-se afirmar que

"la differenziazione sociale è un processo dello sviluppo, che nè può essere dedotto, in modo persuasivo, nei suoi singoli passi da cio che lo há preceduto, nè costituisce um presupposto indispensabile per la sopravvivenza".[315]

A sobrevivência aludida por Luhmann faz referência ao fato de que por mais que um elemento não possua as características essenciais para pertencer a um sistema específico, não será excluído do meio. Nesse caso, apenas ficará envolvido no sistema hierarquicamente superior e estará em uma estrutura que servirá de meio aos demais sistemas diferenciados. Para que os Direitos Fundamentais possam ser considerados como um subsistema autopoiético deve-se observar a capacidade de seleção dos elementos que compõe a sua estrutura. Nesse sentido, os Direitos Fundamentais

"[...] divengono uma specifica instituzione delle società differenziate funzionalmente che, al pari di altre institozioni dell'ordine sociale burocratico-industriale, servono a regolare la comunicazione in questo specifico stadio dello sviluppo socio-culturale".[316]

Essa capacidade imunológica dos sistemas autopoiéticos pode ser apontada como a auto-referencialidade dos elementos integrantes do sistema que proíbe – através da adoção de um código binário classificador – a inserção de elementos estranhos à estrutura do sistema. Assim sendo, os Direitos Fundamentais não podem ser considerados uns sistemas estritamente fechados às influências sociais

---

[314] ROCHA, Leonel Severo; SCHWARTZ, Germano; CLAM, Jean. *Introdução à teoria do sistema autopoiético do Direito*. Porto Alegre: Livraria do Advogado. 2005, p. 13.

[315] LUHMANN, Niklas. *I diritti fundamentali come instituzione*. Bari: Dédalo. 2002, p. 291-292.

[316] Idem, p. 15.

– como quer a teoria do direito positivista –, nem demasiadamente aberto – como prescreve o postulado da hermenêutica jurídica. Sua estrutura permite uma abertura às mutações que ocorrem nas formas de adimplemento das necessidades humanas mantendo, no entanto um fechamento do seu conteúdo essencial.[317]

Com relação ao posicionamento acima observado pode-se suprimir uma contradição argumentativa. Essa está representada pelo fato de que ao diferenciar o subsistema dos Direitos Fundamentais dos demais sistemas que compõem seu entorno, não se está perdendo legitimidade nem sua dimensão reivindicativa emancipatória muito menos sua legitimidade. Ao contrário, propicia-se um ambiente de purificação das características essenciais dos Direitos Fundamentais sem que ocorra a interferência de elementos estranhos à sua natureza.

Para que os Direitos Fundamentais passem a ser aceitos como uma diferenciação do sistema jurídico, faz-se indispensável a verificação de um código binário que possa realizar a diferenciação dos seu entorno.[318] Esse código é a representação da seleção que deve ocorrer entre interior e exterior de um sistema autopoiético. Para Clam, "quanto menor a isomorfia entre o sistema e seu ambiente, menos o sistema é sensível às variações ambientais, adquirindo, dessa maneira, mais latitude e liberdade para se tornar compatível com um número cada vez maior de estados do

---

[317] Para Luño "en la compleja sociedad industrializada de nuestro tiempo, entiende Luhmann que los derechos fundamentales no obdecen o se remiten a critérios de inspiración fijos, sino a parámetros flexibles dirigidos a satisfacer las exigencias de una sociedad en constante evolución. Con ello, los derechos fundamentrales pierden su dimención reinvindicativa emancipatoria e incluso legitimadora. Su funcíon queda relegada al papel de subsistemas sociales, que se conciben como garantias de la deferenciación en el proprio sistema". Cfr. PEREZ LUÑO, Antonio E. *Los derechos fundamentales*. 8 ed. Madrid: Editorial Tecnos. 2004, p. 149.

[318] Para Schwartz "O entorno provoca ressonância, ruído de fundo, mas não modifica o sistema, que se encontra imunizado em relação a tais aspectos. Portanto, a dicotomia sistema/entorno torna possível a auto-referencialidade dos sistemas". ROCHA, Leonel Severo; SCHWARTZ, Germano; CLAM, Jean. *Introdução à teoria do sistema autopoiético do Direito*. Porto Alegre: Livraria do Advogado. 2005, p. 74.

mundo".³¹⁹ Para que essa diferenciação ocorra, é que se atribui ao sistema jurídico o código Direito/não-Direito como método de classificar quais elementos fazem parte de sua constituição.

3.2.2. As necessidades humanas como núcleo dos Direitos Fundamentais

Assim como o Direito possui uma referência cognitiva que veda a infiltração de elementos alienígenas no seu núcleo, o sistema dos Direitos Fundamentais deve diferenciar sua estrutura do código do Direito. Mas para que isso ocorra, não podemos olvidar a característica atribuída aos Direitos Fundamentais de representar o mínimo necessário à subsistência do ser humano. Essa propriedade supriria a dificuldade de se imputar a condição de generalização aos Direitos Fundamentais, propiciando, assim, a condição de sua aplicação a diversos meios socialmente diferenciados. Com essas características, prescinde de uma observação das características sociais/culturais, culturais de um meio para que se verifique a aplicação dos Direitos Fundamentais.

A adoção das necessidades humanas como elemento determinante dos Direitos Fundamentais propicia uma maior segurança ao próprio sistema de controle social. Esse fato deriva da manutenção do ser em seu meio como elemento centralizador das relações sociais. *As necessidades humanas são imutáveis.* O que muda são as formas como essas necessidades são expressas no meio social. As necessidades orgânico-biológicas permanecem as mesmas, o que pode alterar é a forma com essas necessidades são supridas pelas comunicações com o meio. Partindo dessas premissas é que se apresenta uma hipótese de observação³²⁰ dos Direitos Fundamentais como: diferenciação

---

³¹⁹ ROCHA, Leonel Severo; SCHWARTZ, Germano; CLAM, Jean. *Introdução à teoria do sistema autopoiético do Direito.* Porto Alegre: Livraria do Advogado. 2005, p. 117.

³²⁰ Para CLAM, "A observação, no sentido fluente (de uma atividade consciente de contemplação atentiva de um objeto), é um tipo muito especial da observação

funcional pertencente ao sistema do Direito, a ele integrado, que se comunica tanto com o sistema jurídico quanto com o sistema biológico. Dessa forma, os Direitos Fundamentais retroalimentam o sistema jurídico, influenciando o mesmo.

Essa nova proposta de apresentação dos Direitos Fundamentais promove não apenas uma ligação fática do sistema biológico com o jurídico, mas também uma trama epistemológica. Essa trama pode ser descrita como a possibilidade de fundamentação científica do sistema jurídico na natureza humana, uma vez que é importante a busca pelas características exclusivas da espécie para que se possa observar os elementos decisivos sobre a compreensão da dignidade humana.[321] Essa passagem do jurídico ao biológico tem como elemento intermediário a antropologia. Assim, antes da existência do *homo socialis* existe o *homo sapiens* que é apenas mais um dos integrantes do meio. As estruturas de "racionalidade" humanas são necessariamente inferiores/dependentes da sua condição orgânica.[322]

Seguindo nesse diapasão, propõe-se a utilização das necessidades humanas como elemento de seleção para a diferenciação funcional dos Direitos Fundamentais. Para Luño, "Toda necessidad supone carencia: el hombre tiene necessidad em cuanto carece de determinados bienes y

---

no sentido técnico, que é o nosso contexto. Observar, pela Second Order Cybernetics, designa todo ato que crie uma diferença primordial entre "um" e "outro", entre duas entidades quaisquer. Este ato pode ser o de uma consciência capaz de reflexão – e se assemelharia, então, à autoposição inaugural do Eu, e correlativamente do não-Eu, segundo um Fichte. Ele pode, também, ser um ato pré-predicativo ou pré-cognitivo, como o de uma célula que se comporta (e então se limita) em relação a um ambiente. A figura pode ser, todavia, inteiramente aniquilada – como em Maturana, para quem todo ato, toda realidade viva, é primariamente de natureza cognitiva". ROCHA, Leonel Severo; SCHWARTZ, Germano; CLAM, Jean. *Introdução à teoria do sistema autopoiético do Direito*. Porto Alegre: Livraria do Advogado. 2005, p. 97-98.

[321] Cfr. FUKUYAMA, Francis. *Nosso futuro pós-humano. Conseqüências da revolução da biotecnologia*. Trad. Maria Luiza X. de A. Borges. Rio de Janeiro: Rocco, 2003, p. 148.

[322] Essa relação fica clara em algumas relações do nosso convívio social como a não-punibilidade do furto famélico, do estado de necessidade e da legitima defesa. A preservação do orgânico faz sucumbir às construções sociais.

siente la exigencia de satisfacer eses carencias".[323] Essas necessidades humanas podem ser equiparadas às necessidades de cada sistema em relação ao seu meio. O ser humano precisa de elementos do meio para a manutenção de sua estrutura orgânica, caso contrário perece. Essas comunicações entre o ser humano e o meio podem ser representadas como a busca de alimentos. Essa interação homem-meio propicia uma interdependência. Não apenas o homem possui essa necessidade de comunicação/interação com o meio.

O corpo humano, seguindo nessa mesma linha, pode ser observado como um sistema que possui na sua composição vários outros sistemas (circulatório, respiratório, nervoso...). Assim, pode-se levar à baila a questão sobre a possibilidade de cada sistema ser um ambiente hierarquicamente superior a outros sistemas. Dessa realidade, cria-se uma estrutura de interdependência meio-sistema em todos os elementos existentes no mundo da vida. Segundo Capra

> "A concepção de sistemas vivos como redes fornece uma nova perspectiva sobre as chamadas hierarquias da natureza. Desde que os sistemas vivos, em todos os níveis, são redes, devemos visualizar a teia da vida como sistemas vivos (redes) interagindo à maneira de rede com outros sistemas (redes). Por exemplo, podemos descrever esquematicamente um ecossistema como uma rede com alguns nodos. Cada nodo representa um organismo, o que significa que cada nodo, quando amplificado, aparece, ele mesmo, como uma rede. Cada nodo da nova rede pode representar um órgão, o qual, por sua vez, aparecerá como uma rede quando amplificado, e assim por diante. Em outras palavras, a teia da vida consiste em redes dentro de redes. Em cada escala, sob estreito e minucioso exame, os nodos da rede se revelam como redes menores. Tendemos a arranjar esses sistemas, todos eles ani-

---

[323] PEREZ LUÑO, Antonio E. *Derechos humanos, Estado de Derecho y constitución*. 5 ed. Madrid: Tecnos, 1995, p. 181.

nhados dentro de sistemas maiores, num sistema hierárquico colocando os maiores acima dos menores, a maneira de uma pirâmide. Mas isso é uma projeção humana. Na natureza, não há 'acima' ou 'abaixo', e não há hierarquias. Há somente redes aninhadas dentro de outras redes".[324]

Especificamente no que se refere à temática Direitos Fundamentais, paira no ar a questão de sua delimitação. Pode-se apontar que o balizamento realizado pela doutrina na sua conceituação não atinge um ponto *in concreto*, quer seja no seu viés negativo ou positivo.[325] Prefere-se optar pela posição que atribui à falta de parâmetros exclusivamente jurídicos a dificuldade de sua conceituação. Assim, como a essência dos Direitos Fundamentais diz respeito ao mínimo necessária à manutenção do ser humano no meio, devem-se buscar parâmetros extrajurídicos para delimitar quais são esses elementos indispensáveis ao homem.[326] Nesse sentido,

"Identificado com a dimensão biológica, surgiu o conceito de necessidades naturais, vitais ou de sobrevivência, como sinônimo de necessidades básicas. Estas em nada difeririam das necessidades animais e, portanto, não exigiam para o seu atendimento nada mais do que um mínimo de satisfação, como prega o ideal liberal. O curioso é que tais necessidades sempre estiveram garantidas nas sociedades primitivas, pré-ca-

---

[324] CAPRA, Fritjof. *A teia da vida*. Trad, Newron Roberval Eichemberg. São Paulo: Cultrix. 1999, p.44-45.

[325] Como viés positivo, apontamos a conquista do indivíduo da limitação do poder do Estado, servindo de fator de equilíbrio entre o poder estatal e a liberdade individual. Nesse sentido, "[...] i diritti fondamentali mantengano la loro vecchia funzione di limitare il potere dello stato, anche e proprio quando questa funzione dev'essere concepita come prestazione positiva e sempre precaria dello stesso sistema politico". LUHMANN, Niklas. *I diritti fondamentali come istituzione*. Bari: Dedalo. 2002, p. 84. Como negativo aponta-se a necessária limitação da liberdade natural do indivíduo para uma liberdade condicionada mas exigível de todos.

[326] Para Marx, "O trabalho [...] é necessidade natural e eterna de efetivar o intercâmbio material entre o homem e a natureza, e, portanto, de manter a vida humana." MARX, Karl. Apud. GUSTIN, Miraci Barbosa de Sousa. *Das necessidade humanas aos direitos*: ensaio de sociologia e filosofia do direito. Belo Horizonte: Del Rey, 1999, p.83.

pitalistas; mas, no capitalismo – fase avançada do desenvolvimento científico e tecnológico – elas nunca foram resolvidas".[327]

Apesar das necessidades representarem o principal elemento das motivações pessoais, tem-se que ressalvar que as necessidades básicas não são intencionais, mas sim, instintivas e diretamente atreladas à condição humana. Essa ligação entre as necessidades humanas e a natureza do ser humano deve servir de balizamento para o processo normativo. Esses parâmetros podem ser estruturados em forma de hierarquia de necessidades para o estabelecimento de expectativas compartidas pelas normas. Para Gustin,

"[...] o pensamento atual sobre a correlação necessidade/direito tem-se conduzido para a concepção das necessidades como tema de grande valor normativo e que facilita a compreensão de sua potencialidade argumentativa e da relação que é capaz de estabelecer entre ser e dever ser. Assim, as necessidades concedem ao indivíduo razões e argumentos sobre a justiça e a justeza das coisas e dos fatos; portanto, sobre sua legitimidade".[328]

De outra banda, é possível notar que as necessidades humanas sempre pautaram as bases das cartas de liberdade (*Petition of Rights*, *Bill of Rights*, Declaração dos Direitos do Homem e do Cidadão, Declaração Universal dos Direitos Humanos...). Nesse caso, nota-se que a própria terminologia empregada em algumas dessas Cartas já determina que as necessidades humanas contidas nos Direitos Fundamentais devem apenas ser "declaradas" perante o ordenamento jurídico sem o seu arbitramento, que será incumbido de efetivá-las. Segundo Perez Luño,

"Los derechos recogidos em tales documentos a la libertad, a la propiedad y a la bísqueda licidad cor-

---

[327] PEREIRA, Potyara A, p. *Necessidades humanas*: subsídios à crítica dos mínimos sociais. 2 ed. São Paulo: Cortez, 2002, p. 58.
[328] GUSTIN, Miraci Barbosa de Sousa. *Das necessidade humanas aos direitos*: ensaio de sociologia e filosofia do direito. Belo Horizonte: Del Rey, 1999, p. 30.

responden a todo individuo por el mero hecho de su nacimient; se trata de derechos, que, por tanto, no se hallan restingidos a los miembros de un estamento, ni siquiera a los de un país, sino de facultades universales, absolutas, inviolables e imprescriptibles. Son derechos emanados de las propias leyes de la natureza que el Derecho positivo no puede contradecir ni tampoco crear o conceder, sino que debe reconocer o *declarar*".[329]

Nessa mesma seara do conhecimento foi que Maslow apontou um processo hierárquico de necessidades as quais os seres humanos estão atrelados. Essas necessidades representam características universalisantes que podem ser aplicadas prescindindo de ulteriores observação de cunho local. Ressalvando que tal universalidade não provoca a generalização etnocentrista das necessidades das sociedades mais desenvolvidas para as que se encentram em desenvolvimento, mas sim um largo debate sobre as necessidades que abranjam a humanidade como um todo. Nesse caso, pode-se aferir que as necessidades básicas, diferentemente das sociais,[330] "[...]são *objetivas*, porque a sua especificação teórica e empírica independe de especificações individuais. E são *universais*, porque a concepção de sérios prejuízos, decorrentes de sua não-satisfação adequada, é a mesma para todo o indivíduo, em qualquer cultura".[331] Ao atingir o adimplemento de uma hierarquia de necessidades o ser humano parte para a busca da próxima hierarquia, ressalvando que essas relações

---

[329] PEREZ LUÑO, Antonio E. *Los derechos fundamentales*. 8 ed. Madrid: Editorial Tecnos. 2004, p. 35-36.

[330] Para Gustin, "As necessidades sociais deverão ser, portanto, compreendidas como necessidades reais, ou seja, necessidades construídas historicamente a partir dos objetos imprescindíveis, em cada sociedade, para sua satisfação e das obrigações sociais que as delimitam. [...] Por essa razão, um sistema social de necessidades deve ser concebido como uma estrutura orgânica própria de determinada formação social [...]" GUSTIN, Miraci Barbosa de Sousa. *Das necessidade humanas aos direitos*: ensaio de sociologia e filosofia do direito. Belo Horizonte: Del Rey, 1999, p. 98-99.

[331] PEREIRA, Potyara A, p. *Necessidades humanas*: subsídios à crítica dos mínimos sociais. 2 ed.São Paulo: Cortez, 2002, p. 68.

devem ocorrer de forma circular. Assim, a teoria de Maslow apresenta a seguinte pirâmide das necessidades".[332]

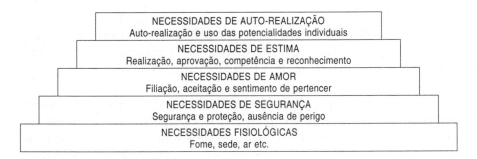

O suprimento das necessidades humanas segue uma hierarquia. Em assim sendo, para que se busque o atendimento de uma necessidade hierarquicamente superior, faz-se imperioso que se tenha atingida a necessidade precedente. Um ser humano com fome não fica preocupado com a sua segurança, podendo, dessa forma, optar pelo perigo de ser preso por furto a padecer pela fome. De tal modo, para que se delimite os Direitos Fundamentais como o subsistema autopoiético que visa ao atendimento das necessidades humanas, deve-se ressalvar que estas podem ser impostas ao Estado e contra os particulares como o mínimo existencial.

A (auto)reprodução dos elementos constitutivos de um sistema é condição *sine qua non* para que se possa atribuir-lhe o condão de autopoiética. Nesse sentido, pode-se apregoar que a auto-referencialidade dos Direitos Fundamentas pode ser apresentada como o elemento caracterizador de sua não-dependência cognitiva. Nesse caso, os Direitos Fundamentais buscam substratos da biologia – enquanto sistema balizador das necessidades humanas orgânicas –, do sistema jurídico, e dos demais elementos/sistemas integrantes do mundo da vida para sua ma-

---

[332] Cfr. MASLOW, Abraham. Apud. DAVIDOFF, Linda L. *Introdução à psicologia*. Trad. Lenke Perez. 3 ed. São Paulo: Pearson. 2004, p. 328.

nutenção. No entanto, apenas a coalizão entre as bases orgânico-biológicas – de cunho individual – com os sistemas sociais – generalizações intersubjetivas – é que podem resultar na construção do arcabouço dos Direitos Fundamentais. Ainda nessa linha, pode-se afirmar que essa é, em síntese, a grande questão a ser resolvida pela teoria do direito: a ligação entre direito (objetividade) e justiça (subjetividade). Para Habermas,

> "existe uma mudança na conceitualização dos direitos fundamentais, que se reflete na jurisprudência constitucional – uma mudança nos princípios de uma ordem jurídica que garantem a liberdade e a legalidade da intervenção, que sustentam os direitos de defesa e transportam inexplicavelmente o conteúdo de direitos subjetivos de liberdade para o conteúdo objetivo de normas de princípio, enérgicas e formadoras de estrutura".[333]

Nessa linha, o ser humano prescinde de suas característica sociais, servindo, apenas, como (outro) elemento de satisfação das necessidades individuais. Ao se relacionar com o meio, o ser humano utiliza-se da ponderação sobre quais elementos devem participar da comunicação que suprirá suas necessidades. Dessa forma, ao interagir com outro ser humano, leva-se em conta a mesma codificação binária (interior/exterior) que é utilizada pelos demais sistemas autopoiéticos. As comunicações com outros seres humanos são pautadas pela seleção de conteúdos que atendam, direta ou indiretamente, a busca do adimplemento das necessidades humanas.

Outra questão que pode ser suscitada diz respeito ao enquadramento dos Direitos Fundamentais como sistema de segundo grau – assim como é o Direito, ou de terceiro grau, ficando atrelado ao Direito como um de seus ramos. Se observarmos os Direitos Fundamentais como um sistema de terceiro grau, isso é, um sistema dentro do sistema

---

[333] HABERMAS, Jürgen. *Direito e Democracia*: entre facticidade e validade I. Rio de Janeiro: Tempo Brasileiro. 1997, p. 307-308.

jurídico estaremos limitando suas comunicações apenas com os elementos pertencentes ao próprio Direito.[334]

"la funzione dei diritti fondamentali, allora, non è quella di *realizzare* uma differenziazione di strutture relativamente autonome della comunicazione, ma piuttosto quella di mantenere la differenziazione, che costituisce l'ordine complessivo, nonostante le minacce che ad esso derivano dal fatto che la separazione e l'autonomia dei vari sistemi sociali non ne elimina le dipendenze reciproche, in quanto ogni sistema per potersi specializzare in riferimento ad uma specifica funzione, há bisonho che vi siano altri sistemi in grado di fornire altre prestazioni funzionali".[335]

Ponderamos que não se pode atribuir uma independência aos Diretos Fundamentais com relação ao Direito, nem deixá-lo estritamente vinculado ao próprio Direito. Todavia, os Direitos Fundamentais não podem assumir uma condição de paridade com os demais sistemas de segundo grau pela conexão de conteúdos que possui com o sistema jurídico. Dessa forma, Luhmann apresenta a proposta de observação dos Direitos Fundamentais enquanto instituições.[336] Nesse caso, os Direitos Fundamen-

---

[334] No que se refere aos sistemas jurídicos Arnaud aponta que "Os sistemas jurídicos são sistemas de comunicação, cuja especificidade está ligada à sua semelhança com o direito. O que faz que não haja similitude, o que faz com que haja a especificidade do direito em relação aos sistemas jurídicos, é que somente o direito goza da totalidade das características ideológicas que garantem sua força coercitiva sob a autoridade do estado, que restabelece o direito como discurso "proibitivo". Poderão, por conseguinte, ser sistematizados, no sentido do método sistêmico, todos os *corpus* de relações jurídicas, inclusive o direito considerado fora de sua forma autoritária e hegemônica. Tratando-se do direito propriamente dito, hermeticamente fechado, ele permanece, oficialmente, um conjunto de elementos identificáveis, que possui uma fronteira e objetivos, um meio; mas ele é basicamente concebido num quadro suscetível de ser analiticamente modelado. Se ele apresenta um certo número de características próprias dos sistemas, ele não pode, rigorosamente, ser notado como um sistema passível da análise sistêmica". ARNAUD, André-Jean; DULCE, M.J.F. *Introdução à análise sociológica dos sistemas jurídicos*. Rio de Janeiro: Renovar, 2000, p. 338.

[335] LUHMANN, Niklas. *I diritti fondamentali come istituzione*. Bari: Dedalo. 2002, p. 19.

[336] É imprescindível ressalvar que ao tempo da publicação desse enunciado, Luhmaan ainda não havia esposado a teoria autopoiética como fundamentos dos sistemas sociais. Dessa forma, com a análise detalhado dessa construção cientí-

tais, apesar de sua introdução no sistema jurídico, são instituições sociais, isso é um complexo de expectativas de comportamento que são modificadas conforme as necessidades do meio social tendo como requisito a aceitação pelo consenso social.[337]

Os Direitos Fundamentais como uma diferenciação funcional do Direito, elevando as necessidades humanas básicas ao condão de diferenciadas funcionalmente, apresenta-se como uma postura inovadora. Tal postura possibilita um melhor atendimento das necessidades características que o indivíduo possui devido a sua própria natureza humana, uma vez que "todo exemplar biologicamente determinável da espécie [humana] deve ser considerada como uma pessoa em potencial e como um portador de direitos fundamentais".[338] Da mesma forma, essa postura propicia uma fundamentação epistemologicamente mais adequada ao meio complexo que vivenciamos.

Como fora observado retro, todos os sistemas de primeiro grau passam por constantes diferenciações funcionais que possibilitam uma redução da complexidade pela limitação do risco. Ao se optar por escolhas que restam balizadas dentro de um sistema como o dos Direitos Fundamentais, limita-se a verificação de outros sistemas que não apresentam as características de seleção de conteúdo dentro de limites comunicativos mais estáveis.

Por fim, pode-se afirmar que é possível esposar a hipótese de os Direitos Fundamentais constituírem uma diferenciação funcional do sistema jurídico. Tal posicionamento facilitaria o desenvolvimento e a efetivação dos Direitos Fundamentais por diferenciá-los do seu entorno possibilitando, dessa forma, direcionar o foco das questões que lhe são atinentes com maior precisão. Nesse caso, unindo-se o sistema biológico ao jurídico, ficaria mais fácil visualizar

---

fica, fica clara a existência de uma lacuna na hipótese luhmanniana. Ao termo instituição, pode-se verificar a similaridade com o postulado da autopoiese.
[337] Cfr. LUHMANN, Niklas. *I diritti fondamentali come istituzione*. Bari: Dedalo. 2002, p. 11.
[338] HABERMAS, Jürgen. *O futuro da natureza humana*. Trad. KarinaJannini. São Paulo: Martins Fontes. 2004, p. 44.

as formas de se atingir a homeostase sócial, uma vez que, para atingir a homeostase do sistema orgânico é imprescindível que haja comunicação com seu entorno e seleção de elementos passíveis de "alimentar" esse sistema, o sistema dos Direitos Fundamentais também deve imunizar-se de elementos que não contribuam para a sua homeostase. Assim, somente com a construção de um sistema que busque na vida a formas de contemplação dos indivíduos é que se poderá falar em real efetivação dos Direitos Fundamentais.

Conclusão

Os Direitos Fundamentais podem ser observados como uma diferenciação funcional do sistema jurídico cuja seleção de conteúdos é realizada com base nas necessidades humana. Nesse caso, tal sistema apresenta-se como elo entre o sistema social e o biológico, suprindo, assim, a falta de fundamentação científica existente nas matrizes que procuram embasar os Direitos Fundamentais como um elemento integrante do sistema jurídico.

No primeiro capítulo, foi observada a impossibilidade de se fundamentar o direito tendo-se como estrutura cognitiva as matrizes positivista e a hermenêutica. A primeira, por tentar construir uma ciência pura do direito, livre das influências do meio e alicerçada no dualismo norma (objeto) e validade (método) não permite que a ciência jurídica torne-se compatível a um meio hipercomplexo como o atual. Já a teoria hermenêutica, por abrir demasiadamente o sistema jurídico às influências do seu entorno, perde a possibilidade de estruturação de expectativas de segurança jurídica em um ambiente eivado pelo risco.

Note-se que o surgimento da teoria hermenêutica se deu como uma derivação do paradigma positivista. Essa derivação foi embasada na necessidade de se atribuir elementos mais valorativos no direito aplicado, uma vez que a imparcialidade – tão pregada pelo positivismo jurídico – não passa de uma utopia. Denota-se ainda que a proposta central das duas hipóteses são diversas. O positivismo está centrado na aplicação do direito ao caso concreto, já a hermenêutica propõe uma interpretação do direito ao caso concreto. A primeira é normativa, a segunda é interpretativa. Porém, ambas são inaptas para sanar as dificuldade ampliadas por um meio de alta complexidade em que o Estado, e o próprio Direito, perdem força perante os sistemas econômico e político.

Outro ponto que se observou foi que a mudança da epistemologia jurídica acompanha a mudança dos paradigmas que fundamentam as demais searas do conhecimento. Essas mudanças paradigmáticas devem servir para que os Direitos Fundamentais tenham uma maior efetividade. Nesse caso, acompanhando as alterações das teorias do conhecimento, faz-se necessária uma mutação na postura da *episteme* jurídica para que ocorra uma reconstrução das bases sobre as quais os Direitos Fundamentais estão calcados. Com essa proposta é que se verificou que a teoria sistêmico-autopoiético veio para suprir as lacunas deixadas pelas demais hipóteses científicas.

A busca do conhecimento, determinada pelo desvelamento das verdades contidas no meio não deve ser a pauta a ser seguida pelo ciência atual. Ao substituir a postura cartesiana – que buscava analisar os vários elementos do todo sem a verificação da funcionalidade característica de cada uma – por uma observação embasada nas funções desempenhadas por cada sistema em seu meio, cria-se uma teia de sistemas interdependentes e diferenciados por suas funções características.

Verifica-se, ainda, que com a introdução da epistemologia sistêmico-autopoiética elimina-se o escalonamento de áreas científicas, uma vez que tal divisão serviria apenas para destacar elementos que naturalmente são interdependentes. Não existe o conhecimento físico, o conhecimento biológico nem o conhecimento social, mas sim o auto-conhecimento efetuado pelo indivíduo em relação ao meio que compõe o seu entorno.

Essa interdependência meio-indivíduo é resultante da dupla função do sistema nervoso. A primeira diz respeito à manutenção do organismo do indivíduo direcionado para a homeostase. Já a segunda é representada pela forma como o processo comunicativo da linguagem é desenvolvido. Nesse segmento, pode-se afirmar que a sociedade não é formada por indivíduos, mas sim por comunicações. Essas que permitem o pleno desenvolvimento orgânico e social do ser humano.

Por fim, após verificar as dificuldades encontradas nas matrizes hermenêutica e positivista, e observada a necessidade de reconstruir as bases cognitivas da ciência jurídica atual, faz-se forçosa a fusão dos argumentos dos dois primeiros capítulos para assinalar que os Direitos Fundamentais podem ser tomados como uma diferenciação funcional do sistema jurídico, e, para tanto, devem apresentar um elemento que lhe imunize das demais comunicações que persistem em seu entorno.

Ao diferenciar os Direitos Fundamentais do seu entorno, torna-se mais fácil sua efetividade. Isso decorre da adoção das necessidades humanas como elemento determinante da seleção cognitiva do seu sistema. Assim, os Direitos Fundamentais observados como uma diferenciação funcional do sistema jurídico, cuja auto-referencialidade está assentada nas necessidades humanas, contribui para a instituição de padrões sociais universalisantes e para o abrandamento da hipercomplexidade característica da sociedade atual.

Portanto, para a manutenção da homeostase social, o sistema de Direitos Fundamentais – interagindo através da comunicação com os demais sistemas que compõem o seu entorno – se recria, transformando a realidade do seu meio e a sua própria como uma forma de (re)construção de expectativas de um futuro mais humano.

Referências bibliográficas

ARGUELLES, Juan Ramon de Paramo. *H. L. A. Hart y la teoría analítica del derecho*. Madrid: Aragón, 1984.

ALBERTI, Verena. A existência na história: relações e riscos da hermenêutica. *Revista de estudos históricos*. Rio de Janeiro, n. 17, p. 01-23. 1996.

ALMEIDA, Custódio Luís Silva de; FLICKINGER, Hans-Georg; ROHDEN, Luiz. *Hermenêutica filosófica*: nas trilhas de Hans-Georg Gadamer. Porto Alegre: EDIPUCRS, 2000.

AMADO, Juan Antonio Garcia. *La filosofía del derecho de Habermas y Luhmann*. Universidade Externado de Colômbia: Bogotá, 1997.

ANUÁRIO do Programa de Pós-Graduação em Direito /2003 – UNISINOS. São Leopoldo: 2003, p. 228.

ARENDT, Hannah. *A condição humana*. Trad. Roberto Raposo. 10. ed. Rio de Janeiro: Forense Universitária. 2004.

———. *Entre o passado e o futuro*. 5. ed. São Paulo: Perspectiva, 2005.

ARISTÓTELES, *Física*, IV, 11, 218 b.

ARNAUD, André-Jean; DULCE, M.J.F. *Introdução à análise sociológica dos sistemas jurídicos*. Tradução de Eduardo Pellew Wilson. Rio de Janeiro: Renovar, 2000.

———. *O Direito entre modernidade e globalização*: lições de filosofia do Direito e do Estado. Rio de Janeiro: Renovar, 1999.

———. *O direito traído pela filosofia*. Tradução de Wanda de Lemos Capeller e Luciano Oliveira. Porto Alegre: Sergio Antônio Fabris Editor, 1991.

ÁVILA, Humberto. *Teoria dos princípios*: da definição à aplicação dos princípios jurídicos. 2. ed. São Paulo: Malheiros, 2003.

BARROS, Roque Spencer Maciel de. *Razão e racionalidade*: ensaios de filosofia. São Paulo: T.A. Queiroz, 1993.

BITTAR, Eduardo Carlos Bianca. *Curso de filosofia do direito*. 2. ed. São Paulo: Atlas, 2002.

BOBBIO, Norberto. *O Positivismo Jurídico*: lições de filosofia do direito. São Paulo: Ícone, 1995.

CAMPILONGO, Celso Fernandes. *O direito na sociedade complexa*. São Paulo: Max Limonad, 2000.

CAPRA. Fritjof. *A teia da vida*: uma nova compreensão científica dos sistemas vivos. Trad. De Newton Roberval Eichemberg. São Paulo: Cultrix, 1999.

COLOM, Antoni J. *A (des)construção do conhecimento pedagógico*: novas perspectivas para a educação. Porto Alegre: Artmed, 2004.

DAVIDOFF, Linda L. *Introdução à psicologia*. Trad. Lenke Perez. 3 ed. São Paulo: Pearson, 2004.

DE GIORGI, Rafaelle. *Direito, Democracia e Risco*: vínculos com o futuro. Porto Alegre: SAFE, 1998,

DESCARTES, René. *Discurso do método*. Trad. Pietro Nassetti. São Paulo: Martin Claret, 2005.

DIREITO e Democracia, v. 2 n. 2, p. 425-447.; 2º sem. 2001, p. 436.

DURKHEIM, Émile. *As regras do método sociológico*. Trad. Pietro Nassetti. São Paulo: Martin Claret, 2005.

DWORKIN, Ronald. *O império do direito*. São Paulo: Martins Fontes, 2003.

———. *Levando os direitos a sério*. São Paulo: Martins Fontes, 2002.

FUKUYAMA, Francis. *Nosso futuro pós-humano*. Conseqüências da revolução da biotecnologia. Trad. Maria Luiza X. de A. Borges. Rio de Janeiro: Rocco, 2003.

GADAMER, Hans-Georg. *A Razão da Época da Ciência*. Rio de Janeiro: Tempo Brasileiro, 1983.

GIDDENS, Anthony. *Mundo em Descontrole*: o que a globalização está fazendo de nós. Rio de Janeiro: Record, 2002.

GONÇALVES, Jair. *Herança jurídica de Hans Kelsen*. Campo Grande: UCDB, 2001.

GRANDE Enciclopédia Larrousse Cultural. Nova Cultural. 1999. [S.l.]

GUERRA FILHO, Willis Santiago. *Autopoiese do direito na sociedade pós-moderna:* introdução a uma teoria social sistêmica. Porto Alegre: Livraria do Advogado, 1997.

GUSTIN, Miraci Barbosa de Sousa. *Das necessidade humanas aos direitos:* ensaio de sociologia e filosofia do direito. Belo Horizonte: Del Rey, 1999.

HABERMAS, Jürgen. *O futuro da natureza humana*. Trad. Karina Jannini. São Paulo: Martins Fontes, 2004.

———. *Direito e Democracia*: entre facticidade e validade. Rio de Janeiro: Tempo Brasileiro, 1997. V.I.

HART, H.L.A. *O Conceito de direito*. Lisboa: Fundação Caloustre Gulbenkian. 2 ed. 1996.

HEIDEGGER, Martin. *Ser e Tempo*. 3.ed. Petrópolis: Vozes, 1993.

KELSEN, Hans. *Teoria geral das normas.* Porto Alegre: Fabris, 1986.

———. *Teoria pura do direito.*Tradução de João Batista Machado. 6. ed. São Paulo: Martins Fontes, 1998.

KUHN, Thomas S. *A estrutura das revoluções científicas.* 3ª ed. São Paulo: Perspectiva, 1991.

LEAL, Rogério Gesta. *Hermenêutica e direito*: considerações sobre a teoria do direito e os operadores jurídicos. Santa Cruz do Sul: Edunisc, 1999.

LUHMANN, Niklas. *I diritti fondamentali come istituzione.* Bari: Dedalo, 2002.

──────. *Sistemas sociales*: lineamientos para uma teoria general. Barcelona:Anthropos editorial, 1998.

──────. *Sociologia del riesgo.* México: Triana Editores, 1998.

──────. *Sociologia do direito II.* Tradução de Gustavo Bayer. Rio de Janeiro: Tempo Brasileiro, 1985.

──────. *Sociologia do direito I .* Tradução de Gustavo Bayer. Rio de Janeiro: Tempo Brasileiro, 1983.

MATURANA, Humberto R. *Cognição ciência e vida cotidiana.* Belo Horizonte: Ed. UFMG, 2001.

──────. VARELA, Francisco J. *A árvore do conhecimento:* as bases biológicas da compreensão humana. São Paulo: Palas Athena, 2001.

MORAIS, José Luis Bolzan de. *A subjetividade do tempo*: uma perspectiva transdisciplinar do direito e da democracia. Porto Alegre: Livraria do Advogado, 1998.

MORIN, Edgar. *Ciência com consciência.* Rio de Janeiro: Bertrand Brasil, 1996.

NEVES, Clarissa Eckert Beata; SAMIOS, Eva Machado Barbosa (Org.) *Niklas Luhmann: a nova Teoria dos Sistemas.* Porto Alegre: Ed. Universidade/UFRGS, 1997.

OST. François. *O Tempo do Direito.* Lisboa: Piaget, 1999.

──────. *Júpiter, Hercules e Hermes*: três modelos de jues. Doxa. n. 14, 1993.

PALMER, Ricardo E. *Hermenêutica.* Trad. Maria Luísa Ribeiro Ferreira. Lisboa: Edições 70, 1999.

PEREIRA, Potyara A. *Necessidades humanas*: subsídios à crítica dos mínimos sociais. 2 ed.São Paulo: Cortez, 2002.

PEREZ LUÑO, Antonio E. *Los derechos fundamentales.* 8 ed. Madrid: Editorial Tecnos, 2004.

──────. E. *Derechos humanos, Estado de Derecho y constitución.* 5 ed. Madrid: Tecnos, 1995.

PIETTRE, Bernard, *Filosofia e ciência do tempo.* Tradução Maria Antonia Pires de Carvalho Figueiredo. Bauru, SP: Edusc, 1997.

PLOTINO, *Enéadas,* III, 7, S 9, 80.

POPPER, Karl R. *A Lógica da Pesquisa Científica.* 11 ed. Trad. de Leonidas Hegenberg e Octanny Silveira mota. São Paulo: Cultrix. 2004.

──────. *O cérebro e o pensamento.* Campinas; Papirus, 1992.

———. *Conjecturas e refutações*. Trad. De SergiBath.2 ed. Brasília, Editora Universidade de Brasília, 1982.

PRIGOGINI, Ilya. *O fim das certezas*: tempo, caos e as leis da natureza. São Paulo: Editora da Universidade Estadual Paulista, 1996.

REVISTA do Curso de Direito, Cruz Alta: Unicruz, v.5, n. 5., 2000.

ROCHA, Leonel Severo. *Três matrizes da teoria jurídica*. São Leopoldo: Unisinos, 1999.

———. *Direito, complexidade e risco. Sequência.* Florianópolis: CPGD-UFSC, 1994 .

ROCHA, Leonel Severo; SCHWARTZ, Germano; CLAM, Jean. *Introdução à teoria do sistema autopoiético do Direito*. Porto Alegre: Livraria do Advogado, 2005.

SANCHEZ, Jesus Maria Silva. *Aproximacion al Derecho Penal Contemporâneo*. Barcelona: Jose M. Bosch editor, [s.d.]

SCHNITMAN, Dora Fried. (org.) *Novos paradigmas, cultura e subjetividade*.Porto Alegre: Artes Médicas, 1996.

SCHWARTZ. Germano. *O tratamento jurídico do risco no direito à saúde*. Porto Alegre: Livraria do Advogado, 2004.

SILVA FILHO, José Carlos Moreira da. *Hermenêutica Filosófica e Direito*: O Exemplo Privilegiado da Boa-Fé Objetiva no Direito Contratual. Rio de Janeiro: Lumen Juris, 2003

STRECK, Lenio Luiz. *Hermenêutica Jurídica (e)m Crise:* uma exploração hermenêutica do Direito. Porto Alegre: Livraria do Advogado, 1999.

TELLES JÚNIOR, Godofredo. *O direito quântico*: ensaios sobre o fundamento da ordem jurídica. 7ª ed. São Paulo: Juarez Oliveira, 2003.

TEUBNER, Gunther. *O Direito como sistema autopoiético*. Tradução de José Engrácia Antunes. Lisboa: Fundação Calouste Gulbenkian. 1993.

———. *Diritto policontestuale: Prospettive giuridiche della pluralizzazione dei mondi sociali.* La città Del sole, Neapel 1999.

WARAT, Luiz Alberto. *A pureza do poder*. Brasília: UNB. 2000, p. 55.

WOLKMER, Antonio Carlos. *Ideologia, estado e direito.* 2ª ed. São Paulo: Revista dos Tribunais, 1995.

Impressão:
Evangraf
Rua Waldomiro Schapke, 77 - P. Alegre, RS
Fone: (51) 3336.2466 - Fax: (51) 3336.0422
E-mail: evangraf.adm@terra.com.br